Gymnasium Bayern

W0228590

Deutschbuch

Arbeitsheft

6

Herausgegeben von
Kurt Finkenzeller und
Andrea Wagener

Erarbeitet von
Martin Scheday (Passau) und
Konrad Wieland (Vilshofen a. d. Donau)

 Deine interaktiven Gratis-Übungen findest du hier:

1. Gehe auf scook.de/bayern
2. Gib den unten stehenden Zugangscode in die Box ein.
3. Hab viel Spaß mit deinen Gratis-Übungen.

Dein Zugangscode auf
www.scook.de/bayern | 5ub6h-x27pu

Die Mediencodes enthalten zusätzliche Unterrichtsmaterialien,
die der Verlag in eigener Verantwortung zur Verfügung stellt.

Inhaltsverzeichnis

Die Übersicht auf diesen Seiten hilft dir, **die Arbeit mit dem Arbeitsheft zu planen und zu überprüfen.**
Nach dem Bearbeiten einer Übung musst du deine Ergebnisse sorgfältig mit dem Lösungsheft abgleichen.
Trage ein, wann du die Seiten bearbeitet hast, und kreuze an, wie dir die Übungen gelungen sind:

☺ Gut gelungen!   ☻ Das meiste richtig.   ☹ Manchmal unsicher.

Sprachgebrauch und Sprache untersuchen und reflektieren: Rechtschreibung · bearbeitet am · 🙂 😐 🙁

Jahrgangsstufentest

Erzählen – Freundschaftsgeschichten

Eine Erzählung gestalten und verfassen

Wissen und können	Eine Erzählung verfassen

Eine gelungene Erzählung handelt von einem **ungewöhnlichen, nicht alltäglichen Ereignis.**
Sie braucht einen **roten Faden,** der die Leser durch die Geschichte leitet:

- Die **Überschrift** soll neugierig machen, aber noch nicht alles verraten.
- Die **Erzählsituation** führt in die Handlung ein. Darin werden die Leser meist über den **Ort** *(Wo?)* und die **Zeit** *(Wann?)* der Handlung informiert und ihnen wird mindestens eine **Hauptfigur** *(Wer?)* vorgestellt.
  Tipp: Um **neugierig** zu **machen,** kann man z. B.:
  – die Leser auf ein Geschehen vorbereiten, das dann so gar nicht stattfinden wird, wie:
    Wir hatten alles für die Wanderung eingepackt. Wir wollten ... Doch dann kam alles ganz anders!
  – den Lesern ein unerwartetes Ereignis ankündigen, das alles verändert, wie:
    Wir konnten nicht ahnen, dass gleich unser erster Ausflug ein Abenteuer werden würde.
- Das **Ereignis** ist der **Kern der Geschichte.** Hier kann die **Spannung** schrittweise bis zum **Höhepunkt** gesteigert und am Ende wieder aufgelöst werden. Man kann auch von **mehreren Ereignissen** interessant oder lustig **erzählen, die inhaltlich zusammenhängen,** z. B. über den Verlauf eines Wochenendurlaubs.
- Der **Ausgang** rundet die Geschichte ab. Man erzählt z. B., wie die beteiligten Figuren auf das Ereignis reagiert haben oder einen abschließenden Gedanken äußern. Es ist auch möglich, den Ausgang offenzulassen, und damit die Leser zum Nachdenken über das erzählte Ereignis anzuregen.

1 Die folgenden Abbildung enthält Informationen für eine Einleitung zu einer Erzählung.
Beantworte mit diesen Informationen die W-Fragen unten.

Wer (Figuren)? _____

Wo (Ort)? _____

Wann (Zeit)? _____

2 a Überarbeite die folgende Einleitung in deinem Heft: Setze sie in das richtige Tempus.
   Tipps: – Eine Geschichte wird meist im Präteritum erzählt, z. B.: *ich sprang, ich hörte …*
   – Sätze, die Aussagen enthalten, die immer gültig sind, können im Präsens stehen bleiben.
   b Unterstreiche die Textstelle, welche die Neugier der Leser wecken soll.

VORSICHT
FEHLER!

Meine Eltern haben ein Ferienhaus im Bayerischen Wald. Die Attraktion der Gegend ist das Nationalparkzentrum am Lusen. Die Gegend kenne ich wie meinen Schulweg. In den Sommerferien darf ich die Zwillinge, also Anna und Leon, mitnehmen. Ich will ihnen alles zeigen und jeden Tag eine andere spannende Wandertour machen. Doch dann kommt alles anders als geplant. Wenn ich das vorher gewusst hätte, hätte ich etwas ganz anderes geplant.

3 Eine gelungene Erzählung wird Schritt für Schritt erzählt.
Bringe die folgenden Textbausteine in eine sinnvolle Reihenfolge.
Nummeriere sie.

A ☐ Ratlosigkeit bei Kathi und Anna / Suche nach Leon

B ☐ „Hilfsaktion" durch Mutmachen / gutes Zureden

C ☐ Ankunft im Ferienhaus / erleichtertes Lachen

D [1] Wanderung durch den Nationalpark / gutes Wetter / beste Laune / Proviant

E ☐ Leon überwindet Angst / schimpft / Mädchen nehmen ihn in die Mitte

F ☐ auf dem Baumwipfelpfad / Mädchen im Gespräch / merken nicht, dass Leon fehlt

G ☐ Leon allein auf einer wackligen Hängebrücke / Mädchen außer Sichtweite / Angst

4 Die Formulierungen 1 bis 11 dienen dazu, den folgenden Erzählschritt anschaulicher zu gestalten.
Ordne sie zu.

| 1 festes | 2 reichlich | 3 trällerten | 4 spannenden | 5 anstrengend | 6 ungeduldig |

| 7 angeregt | 8 marschierten | 9 Gleich am ersten Urlaubstag | 10 locker | 11 zuerst |

☐ wollten wir schon ganz früh in den Nationalpark. Ich erinnerte Leon und Anna daran, ☐ Schuhwerk anzuziehen, denn mit Turnschuhen kämen wir nicht weit. Wir packten ☐ Proviant ein, nahmen genug Getränke mit und ☐ gut gelaunt los. Leon wollte wissen, ob das auch nicht zu ☐ wird, er kannte bisher nur Strandurlaub. Ich beruhigte ihn. ☐ war alles ganz lustig, gut ausgebaute Wanderwege, herrliches Wetter, wir ☐ Ohrwürmer und die Bäume boten uns Schatten. Während wir den Weg durch das Freigehege ☐ nahmen, lachten und unterhielten wir uns ☐. Anna fragte ☐: „Wann kommen wir denn endlich zu diesem ☐ Waldwipfelweg?" „Wart's ab!", meinte ich nur.

> **Wissen und können**   **Lebendig und anschaulich erzählen**
>
> Beschreibe die **Situation** (Ort, Figuren, Handlung) **genau, lebendig und abwechslungsreich.** Verwende:
> - **passende Satzanfänge und Verknüpfungen,** z. B.: *zunächst, später ...*
> - **wörtliche Rede,** z. B.: *„Was für ein wundervoller Tag!", lachte Leon auf.*
> - **aussagekräftige und treffende Verben,** z. B.: *wandern, schleichen, hüpfen, ... (statt „gehen").*
> - **anschauliche Ausdrücke,** die wiedergeben, was eine Figur mit ihren Sinnen fühlt und erlebt, z. B.:
>   *Im Wald roch es **herrlich** nach Tannennadeln. ... **Überrascht** drehte ich mich um.*

5 **Auf Grund der vielen Wiederholungen wirkt der folgende Erzählschritt wenig abwechslungsreich. Markiere diese Wiederholungen und schreibe eine verbesserte Textfassung in dein Heft.**

Dann wanderten wir weiter zum Wolfsgehege, dann nach rechts, bis wir zu den Wisenten kamen.
Dann sahen wir den Wegweiser zum Baumwipfelpfad. Der Baumwipfelpfad war erst vor wenigen Jahren
neu gebaut worden. Vom Boden geht es in luftigen Höhen zwischen den Gipfeln der Bäume entlang.
Damit der Weg für Kinder spannender wird, führt der Weg manchmal über Hängebrücken, bei denen man
zwischen den Tritten bis zum Boden durchblicken kann.

6 **Durch Spannungsmelder wie z. B. *plötzlich* kann man Leser fesseln.**
   a **Unterstreiche solche Spannungsmelder in dem folgenden Erzählschritt.**
   b **Unterringle Textstellen, die Gedanken und Gefühle der Ich-Erzählerin zum Ausdruck bringen.**

Mir fiel zuerst nicht auf, dass Leon beim Anblick des Waldwipfelwegs ziemlich still wurde, denn gleichzeitig

wurde Anna immer aufgedrehter. Sie jubelte: „Wie toll ist das denn? Fantastisch!"

Der Anblick war umwerfend. Hoch in den Lüften spannten sich vor uns die Wege und schaukelten die Hänge-

brücken! Deshalb grinste ich nur, ich hatte nicht zu viel versprochen. Das war kein langweiliger Spaziergang.

Anna war nicht mehr zu bremsen und so rannten wir einfach los. Auf einmal merkten wir, dass Leon nicht mehr

hinter uns war. Gerade eben war er doch noch da gewesen. Oder täuschten wir uns? Wir warteten ein paar

Minuten. Hatte Leon plötzlich keine Lust mehr? Aber er konnte doch nicht einfach umkehren! Ich bat Anna zu

warten und eilte den Wipfelweg zurück. Endlich entdeckte ich Leon. Er stand mitten auf einer Hängebrücke.

> **Wissen und können**   **Zeichensetzung bei der wörtlichen Rede**
>
> Im Text wird die **wörtliche Rede in Anführungszeichen** eingeschlossen, z. B.: *„Wo bist du?"*
> Die Satzzeichen ändern sich je nach Stellung des Redebegleitsatzes (▶ S. 63). Stehen kann dieser
> 1 **vor der wörtlichen Rede** nach einem **Doppelpunkt,** z. B.: Leon jammerte: „Ich will sofort nach Hause."
> 2 **nach der wörtlichen Rede,** z. B.: „Lasst mich bitte nicht allein!", flüsterte er.
>   → Der Punkt bei der wörtlichen Rede fällt stets weg, Ausrufe und Fragezeichen hingegen bleiben erhalten.
> 3 **inmitten der wörtlichen Rede,** z. B.: „Keine Sorge", antwortete Kathi, „wir bleiben bei dir."

7 **Im folgenden Dialog fehlt die Zeichensetzung bei der wörtlichen Rede, die den Erzählschritt lebendiger macht. Füge die Satzzeichen an der richtigen Stelle ein.**

Leon schaute mich aus schreckgeweiteten Augen an. Seine Hände krampften sich so stark um das Brücken-

geländer, dass seine Knöchel weiß hervortraten. Schließlich presste er hervor   Mir ist schwindelig.

Er stöhnte   Ich kann nicht weiter.   Dann wimmerte er nur noch   Ich möchte mich hinlegen.

Und verstummte.   Du kannst dich hier nicht hinlegen!   rief ich verwundert. Was tun?

Wissen und können   **Eine Erzählung mit einem Höhepunkt gestalten**

Man kann eine Erzählung mit einem Höhepunkt gestalten.
Dieser beinhaltet dann die **spannendste Stelle** in der Geschichte.

- Gestalte ihn besonders **ausführlich** aus, sodass das Geschehen wirkt, als würde es in Zeitlupe ablaufen.
- Die Wirkung kann noch verstärkt werden, wenn du **weniger wichtige Teile** der Geschichte knapper erzählst. **Überspringe** dazu **Ereignisse** dieser Zeitabschnitte oder fasse sie **stark zusammen.**
- **Vermeide Formulierungen** wie „*mir rutschte das Herz in die Hose*" oder „*das Blut gefror mir in den Adern*".

8   Erzähle den Höhepunkt besonders ausführlich: Wie gelingt es Kathi, Leons Erstarrung zu lösen?
   a   Verfasse im Heft mit Hilfe der folgenden Textbausteine („Mutmacher") eine Überleitung zwischen dem Erzählschritt von Aufgabe 7 (▶ S. 6) und dem nachstehenden Textausschnitt.
   b   Gestalte danach den Höhepunkt aus. Gib auch die Gedanken und Gefühle der Ich-Erzählerin wieder.

> Du schaffst das! • Langsam, Schritt für Schritt. •
> Dreimal tief atmen, dann gleichmäßig ein- und ausatmen, nicht nach unten schauen. •
> Einen Fuß vor den anderen setzen. • Schau mich an! •
> Mit der rechten Hand nach oben greifen, dann mit der linken Hand. Prima! • Das bekommst du hin. •
> Ganz ruhig, ich bin da. • Ich musste ihn aus seiner Erstarrung herausholen.

9   Schreibe den Schluss. Beginne wie folgt und verwende die nachstehenden Informationen über Höhenangst.
Abends recherchierten wir im Internet, was Höhenangst eigentlich ist …

> **Höhenangst (Akrophobie)** ist eine anhaltende Angst vor Höhen, die in keinem Verhältnis zu diesen steht. Betroffene reagieren teils sehr heftig, wenn sie einen Aussichtsturm o. Ä. besteigen oder aus einem Hochhausfenster schauen. Ist die Höhenangst sehr stark, tritt sie auch schon beim Besteigen einer Leiter auf. Höhenangst hat meist keine eindeutige Ursache. Manche Menschen leiden ihr Leben lang darunter, andere nehmen plötzlich wahr, dass sie unter Höhenangst leiden – doch die Angst bleibt fortan erhalten, manchmal steigert sie sich auch zur Panik. Körperlich drückt sich Höhenangst durch Schweißausbrüche, Herzklopfen bis zum Herzrasen, Atemnot oder Schwindel aus. Infolgedessen vermeiden Betroffene es, sich in die Höhe zu begeben – vorausgesetzt, sie kennen ihre Höhenangst.

10   Wähle eine Überschrift für deine Freundschaftsgeschichte aus. Kreuze sie an und begründe deine Wahl im Heft.

☐ Horror im Fels   ☐ Hoch hinaus!   ☐ Mutbeweis am Abgrund   ☐ Wandertour mit Hindernissen

11   Erzähle die Geschichte in der Ich-Form aus der Sicht von Leon. Schreibe sie ins Heft.

12   Überarbeite deine Erzählung mit Hilfe der Checkliste.

> - Habe ich eine **treffende Überschrift** gewählt?
> - Informiert die **Erzählsituation** über **Ort, Zeit** und die **Hauptfigur** und **macht** sie **neugierig** auf meine Geschichte?
> - **Folgen** die **Erzählschritte schlüssig** aufeinander?
> - Habe ich **lebendig und anschaulich** erzählt? (▶ S. 6)
> - **Rundet** der **Ausgang** die Geschichte ab?
> - Habe ich im Wesentlichen in der **Zeitform Präteritum** geschrieben?
> - Sind **Rechtschreibung und Zeichensetzung** korrekt?

Einen Erzählkern ausgestalten

Wissen und können	Einen Erzählkern ausgestalten

Ein **Erzählkern umreißt ein Geschehen kurz,** er liefert eine Idee für eine Geschichte.
- So gestaltest du ihn zu einer lebendigen Erzählung aus:
  - Entwirf einen **Schreibplan** wie nebenstehend.
  - Lege die **Erzählform** fest: Ich-Form oder Er-/Sie-Form?
  - Stelle die Figuren lebendig dar, indem du neben der **äußeren Handlung** auch die **innere Handlung** genau beschreibst. Die äußere Handlung umfasst, was sichtbar geschieht und beobachtet werden kann, z. B.: *Die Sonne schien. Es klingelte. Mein Freund stand vor der Tür.* Die innere Handlung gibt wieder, was die **Figuren** in einer Situation **denken und fühlen,** damit man sich beim Lesen besser in sie hineinversetzen kann, z. B.: *Ich hätte vor Freude hüpfen können.*
  - Formuliere eine **Überschrift.** Das gelingt am Schluss besser, weil du die Geschichte dann gut kennst.
- Das Ausgestalten eines Erzählkerns kann Gegenstand einer Schulaufgabe sein.

	Wer? Wo? Wann? Was?
Erzählsituation	...
Ereignis 1	...
Ereignis 2	...
Ereignis 3 (z. B. Höhepunkt)	...
Ausgang	...

1 Lies den folgenden Erzählkern. Kreuze an, was das zentrale Thema der Geschichte ist:

☐ A Ferien ☐ B Mut ☐ C Träume ☐ D Unfall

In der Freizeit verabrede ich mich oft mit meinem Freund Lukas zum Streetsurfing. Wir sind richtig gut auf den Waveboards, wendig und auf gerader Strecke ziemlich schnell. Unebenheiten, Bordsteine und ein paar Treppenstufen nehmen wir problemlos. Wir suchen in unserer Heimatstadt Penzberg nach immer größeren Herausforderungen. Unser Motto: Sei mutig! Lukas will gern einmal den steilen Hang hinten am Park aus-probieren. Wir haben jetzt im August sehr trockene Tage, da würde das gehen.
Abends im Bett gehen mir viele Gedanken durch den Kopf. Der Hang ist wirklich steil. Wenn man da hinunter-fahren würde, das wäre wie Fliegen. Allerdings: Unten kreuzt eine Straße. Haben wir dafür genug Mut?
Wir tragen immerhin Schutzkleidung. Ich schlafe unruhig, habe sogar einen Albtraum. Morgens ist alles klar: Diese Abfahrt wäre nicht mutig, sondern extrem leichtsinnig! Ich werde mit Lukas reden müssen.

2 Werte den Erzählkern aus. Notiere in Stichpunkten, welche Informationen du erhältst.

Wer? _____

Wo? _____

Wann? _____

Was? _____

3 Notiere, was du ergänzen willst, z. B.:

Training: *Fahren um Gegenstände herum ...*

_____

_____

4 Welche der folgenden Einleitungen ist geeignet, um den Erzählkern (▶ S. 8) auszugestalten? Wähle aus und begründe deine Wahl.

A Mein Freund Lukas und ich sind seit einiger Zeit leidenschaftliche Streetsurfer. Zuerst übten wir mit unseren Waveboards auf geraden Strecken, wir fuhren kreuz und quer durch Penzberg. Dann stellten wir Flaschen auf, damit wir um sie herum surfen konnten. Schließlich flitzten wir leise und wendig auch über unebenes Gelände, neulich sogar eine Treppe hinab. Dann fingen im August die Sommerferien an und wir suchten neue Abenteuer. Wo wartete die beste Action?

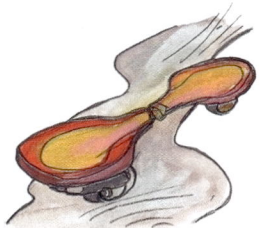

Die Einleitung _____ ist geeignet, weil sie _____

_____

_____

B Streetsurfing macht mir richtig Spaß. Wenn man viel trainiert, so wie mein Freund Lukas, wird man auch richtig gut und kann sich immer neuen Herausforderungen stellen. Man muss nur wissen, wo die Grenzen liegen. Aber weiß man das immer so genau?

5 Schreibe eine eigene Einleitung ins Heft.
●●● Erzähle in der Ich-Form.

6 Die folgenden Bilder geben den Inhalt für drei Erzählschritte im Hauptteil an.
a Bringe sie in eine sinnvolle Reihenfolge. Nummeriere sie.
b Welches Bild würde sich am besten eignen, um einen Höhepunkt auszugestalten? Bezeichne es mit einem <u>H</u>.
c Gestalte den Hauptteil in deinem Heft. Gib auch die innere Handlung wieder (▶ S. 8, Wissen und können).

7 Ben konnte Lukas davon überzeugen, den Hang nicht hinabzufahren. Verfasse in deinem Heft den Schluss, in dem sich Ben und Lukas abschließende Gedanken über den Unterschied zwischen Mut und Leichtsinn machen, z. B.:
...Seit diesem Tag ist unser Motto: Streetsurfer sind mutig, aber nicht leichtsinnig!

8 Kreuze die Überschrift an, die treffend ist und nicht zu viel verrät.

☐ A Wer wagt, gewinnt!　　☐ B Nichts für Weicheier

☐ C Mut oder Leichtsinn?　　☐ D Helden gesucht

9 Schreibe die Geschichte in der Er-Form. Finde eine eigene Überschrift
●●● und prüfe deine Geschichte mit Hilfe der Checkliste auf S. 7.

Von mehreren Ereignissen erzählen

Wissen und können	Von mehreren Ereignissen erzählen

- Oft erzählt man nicht nur von einem, sondern von **mehreren Ereignissen,** die **inhaltlich zusammen-hängen.** Das ist zum Beispiel in Briefen oder in E-Mails der Fall.
- Die Ereignisse sollte man **durch Absätze trennen** und jeweils von einem zum nächsten **überleiten.**
- Was und wie man erzählt, ist **abhängig vom Adressaten,** dem **Anlass** (z. B. Antwortbrief) und dem **Schreibziel** (z. B. einen Kontakt aufrechterhalten, sich mitteilen wollen, unterhalten, informieren).
- Wichtig ist der **Bezug** zum **Adressaten,** indem man auf dessen Situation eingeht.

1 Leon schreibt seinem Freund Ben den folgenden Brief über seine Erlebnisse im Bayerischen Wald. Markiere und benenne kurz wie im ersten Beispiel neben dem Brief die Briefabschnitte. Unterstreiche die Überleitungen zwischen den Abschnitten.

Waldhäuser, 24. August 20…

Lieber Ben,

wenn du wüsstest, wo ich gerade bin, während du mit Lukas daheim Waveboard fährst!
Kathi, eine Freundin von Anna, hat uns eingeladen, mit ihren Eltern zusammen
eine Woche im Bayerischen Wald zu verbringen. Zunächst war ich gar nicht begeistert:
ich mit zwei Mädchen, ich im Bayerischen Wald. Aber nun ist es eigentlich doch
5 ganz spannend.

Z.1–5, Einleitung: Anlass, Erzählsituation

<u>Zum Beispiel gestern, da</u> stand für uns drei eine Tour auf den Lusen auf dem Programm.
Das ist ein ziemlich hoher Berg hier in der Nähe. Es ist wirklich unglaublich, wie es dort
aussieht. Weißt du, vor einigen Jahren gab es ein Problem mit Schädlingen, die fast den
gesamten Waldbestand im Nationalpark zerstörten. Da oben sieht es aus, als ob riesige
10 Zündhölzer im Boden stecken würden. Die Folgen davon bekamen wir leider zu spüren:
Es wurde nämlich ziemlich heiß. Anfangs dachte ich, ich würde das schaffen. Aber mit
jedem Meter und jeder Minute wurde der Aufstieg schwieriger. Und weil dieser Streichholzwald keinen Schatten bietet, hatten wir bald überhaupt keine Kraft mehr.
Wir wollten uns einfach nur irgendwo hinsetzen und trinken – wenn wir etwas dabei-
15 gehabt hätten! Aber nein, am Morgen waren wir leider zu faul gewesen, den Rucksack
ordentlich zu packen. Zum Glück half uns ein anderer Wanderer aus der Patsche und
versorgte uns mit Wasser. Nur so schafften wir es bis zur Hütte, wo wir neuen Proviant
bekamen. Tja, man lernt nie aus!
Vor drei Tagen hatte ich mir das schon mal gedacht. Da waren wir drei auf dem Wald-
20 wipfelweg unterwegs. Ein wirklich schöner Weg in die luftigen Höhen der Baumkronen,
aber wie du weißt, habe ich ein wenig Höhenangst. Die beiden Mädchen sind losgerannt,
dass ich kaum mithalten konnte. Zum Glück ist schließlich alles gutgegangen.
Aber: Was treibst du so in den Ferien? Unternimmst du viel oder spielst du den ganzen
Tag am Smartphone? Schreib doch mal, damit ich weiß, wie es dir geht!

Viele Grüße
Dein Leon

2 Umrahme die Textstellen, die nicht anschaulich und spannend genug erzählt werden.

3 a Notiere in deinem Heft Ideen, mit Hilfe welcher Mittel Leon sein zweites Erlebnis anschaulicher erzählen könnte.
b Überarbeite den Briefabschnitt Z.18–21 noch einmal in deinem Heft.
Tipp: Nutze deine Vorarbeiten zu S.6–7.

Informieren – Beschreiben und Berichten

Einen Vorgang beschreiben

1 Verfasse für die Sportseite eurer Schülerzeitung eine Anleitung für Goalball.

a Erschließe dir die Regeln des Spiels, indem du die folgenden Abbildungen betrachtest.

Goalball – ein ganz besonderes Spiel für alle!

Eine Ballsportart für Menschen mit und ohne Sehbehinderung. Ziel ist, mit dem Klingelball Tore zu werfen. Ein Spiel dauert 2 x 12 Minuten.

fühlbare Begrenzungslinie

2 Schiedsrichter

je Team 3 Spieler

4 Torrichter

Torhöhe: 1,3 m

Länge: 18 m

Breite: 9 m

lichtundurchlässige Brille

Knieschoner

Klingelball aus Hartgummi, 1250 g

b Prüfe die Aussagen A bis F mit Hilfe der Abbildungen. Kreuze Zutreffendes an.

	richtig	falsch	nicht enthalten
A Die Spieler orientieren sich nur mit ihrem Gehör.	☐	☐	☐
B Die Spieler dürfen sich nur im Feld vor ihrem eigenen Tor aufhalten.	☐	☐	☐
C Der Ball darf direkt ins gegnerische Tor geworfen werden.	☐	☐	☐
D Das Tor hat eine Höhe von 1,30 Metern.	☐	☐	☐
E Sieger ist, wer zuerst ein Tor erzielt.	☐	☐	☐
F Alle Spieler tragen eine lichtundurchlässige Brille.	☐	☐	☐

2 Die folgenden Notizen enthalten weitere Informationen zum Spiel „Goalball".

  a Markiere, welche neuen Informationen du zum Spiel darin findest.

  b Erläutere mit Hilfe der Notizen mündlich, wie das Spiel funktioniert. Erkläre es deinen Eltern, Geschwistern oder Freunden, um zu sehen, ob du die Spielregeln verstanden hast.

  c Für welche Aussagen hattest du bei deiner Erläuterung keine Verwendung? Streiche sie durch.

    1 Goalball: weltweit am weitesten verbreitete Ballsportart für Menschen mit Sehbehinderung
    2 Dauer zweimal 12 Minuten
    3 Drei Spieler pro Mannschaft; dürfen sich nur im Feld vor dem eigenen Tor aufhalten
    4 Linien am Boden zur Orientierung (sechs gleich große Felder)
    5 Spielfeld: Volleyballfeldgröße (18 m x 9 m)
    6 Los entscheidet, wer beginnt
    7 Tore: über die ganze Breite des Spielfeldes; Höhe: 1,30 m
    8 Ziel: Ball möglichst häufig ins gegnerische Tor werfen
    9 sehr anstrengend, aber viel Spaß
    10 Menschen mit Behinderung und nicht behinderte Menschen gemeinsam
    11 Ball muss zweimal den Boden berühren; danach erst ins gegnerische Tor
    12 wirft eine Mannschaft, während sie angreift, ins Aus, bekommt die andere den Ball
    13 Angriffe erfolgen immer abwechselnd
    14 innerhalb von zehn Sekunden nach Ballbesitz muss der Ball über die Mittellinie befördert werden
    15 Orientierung: durch Gehör und Markierungslinien auf dem Boden
    16 über 100 Angriffe während eines Spiels

3 **a** Erstelle für deinen Schülerzeitungsartikel einen Schreibplan. Ordne die nummerierten Notizen aus Aufgabe 2 Einleitung, Hauptteil und Schluss zu. Schreibe nur die Nummern auf.

  b Ergänze den Schreibplan durch Informationen aus den Abbildungen (►S. 11). Notiere nur Stichworte.

Einleitung (Material, Vorbereitung): _____

_____

_____

Hauptteil (Spielablauf, Regeln): _____

_____

_____

_____

Schluss (Spielende, Tipps): _____

_____

4 Formuliere die Einleitung in ganzen Sätzen aus. Du kannst auch in dein Heft schreiben und wie folgt beginnen:

Goalball ist ein Spiel für Menschen mit und ohne Sehbehinderung. Das Spielfeld dafür misst _____

_____

_____

Wissen und können　　**Sprachliche Mittel des Beschreibens**

- Wähle je nach Schreibanlass und Adressat einheitlich die passende Anredeform:
  - **direkte Anrede,** z. B.: *Du läufst ...* oder: *Ihr lauft ...*
  - **Imperativ** (Befehlsform), z. B.: *Laufe/Lauft sehr schnell!*
  - **unpersönliche Darstellung** (Man-Form), z. B.: *Man läuft... Als Fänger springt man ...*
- Beschreibe die einzelnen Handlungsschritte **sachlich** und **genau:**
  - Verwende **anschauliche Adjektive** oder **Partizipien** und **treffende Verben.**
  - Verknüpfe die Sätze mit passenden **Konjunktionen und Adverbien,** um die richtige Reihenfolge zu verdeutlichen, z. B.: *bevor, dann, während, anfangs, ...*
  - **Verzichte** auf **Bewertungen, Gedanken** und **Gefühle.**
- Beschreibe stets im **Präsens** (die Gegenwartsform), z. B.: *führe, greife, zeige, ...*

5 **Formuliere die folgenden Sätze A bis E mit Hilfe des nachstehenden Wortspeichers treffender und abwechslungsreicher.**

A　Die Spieler dürfen nur vor ihrem eigenen Tor sein.

_____

B　Die Linien am Boden machen die Orientierung leichter.

_____

C　Über die ganze Breite des Spielfeldes sind die Tore.

_____

D　Man macht ein Tor, indem man den Ball ins gegnerische Tor macht.

_____

E　Der Ball muss über die Mittellinie gepfeffert werden.

_____

erzielen • aufhalten • sich befinden • sich erstrecken • werfen • erleichtern • befördern • schleudern

6 **Verknüpfe die folgenden Sätze mit passenden Konjunktionen und Adverbien. Wähle aus:**
deswegen, sodass, obwohl, während, zudem, nachdem, weil, damit, zunächst, aber, wenn, jedoch, da.

_____ wird ausgelost, welche Mannschaft beginnt. _____ die Spieler ihre lichtundurchlässige Brille aufgesetzt haben, können sie sich nur mit Hilfe ihres Tastsinns und ihres Gehörs orientieren.

_____ müssen sich die Zuschauer auch absolut ruhig verhalten. _____ sich das Tor

über die gesamte Breite des Spielfeldes erstreckt, ist es nicht leicht, einen Punkt zu erzielen. _____

eines Angriffs verteidigt die gegnerische Mannschaft nämlich auch liegend ihr Tor. _____ wird es

mit einem Strafwurf geahndet, _____ der Ball beim Angriff nicht zweimal den Boden berührt.

7 **Verfasse mit Hilfe deiner Vorarbeiten einen vollständigen Artikel für die Schülerzeitung und schreibe diesen in dein Heft.**

Von Ereignissen berichten und öffentlich appellieren

- In einem Bericht **informierst** du **knapp, vollständig** und in der **richtigen Reihenfolge** über ein vergangenes Ereignis, z. B. über eine Veranstaltung oder über einen Unfall.
- Er beschränkt sich auf **wesentliche Informationen** und beantwortet sachlich und **genau** die **W-Fragen**.
- In der **Einleitung** informierst du knapp, **worum es ging**, und gehst kurz auf mögliche Folgen ein:
  Was ist geschehen? Wann geschah es? Wo geschah es? Wer war beteiligt? Welche Folgen?
- Im **Hauptteil** stellst du den **Ablauf des Ereignisses** in der **zeitlich richtigen Reihenfolge** dar.
  Wie hat es sich zugetragen? Warum hat es sich so zugetragen?
- Im **Schlussteil** informierst du ausführlich über die Folgen des Ereignisses oder gibst einen **Ausblick**.
  Welche Folgen hatte das Ereignis?
- Formuliere zuletzt eine **treffende Überschrift,** die das Ereignis genau benennt.

1 Stell dir vor, du bist beauftragt, für die Website deiner Schule über einen ganz besonderen Projekttag der Unterstufe zu berichten. Markiere in den folgenden Notizen und Aussagen die Informationen, die Antworten auf die W-Fragen geben, z. B. so:

Rot: Was? Wann? Wo? Wer?   Gelb: Wie genau? Warum?   Grün: Welche Folgen?

- Projekttag 2018 – „neue Sporterfahrungen"

- Willst du einfach mal übers Spielfeld rollen?

- Schon einmal im Sitzen Körbe geworfen? – Dann wird es Zeit!

- Wechselt die Perspektiven, sammelt Erfahrungen, seid offen für Neues beim Rollstuhlbasketball!

- In Zusammenarbeit mit dem Behinderten- und Versehrtensportverein (BVSV) Kehmbach

- Treffpunkt 8:00 Uhr am Sportzentrum Süd

- Was wird benötigt? Sportkleidung und gute Laune

FRAU EGGENBAUER (Unterstufenbetreuerin): Die Erfahrungen sollen jungen Menschen ein Gefühl für die Lebenswelt behinderter Menschen geben und Fairness und Respekt fördern. Es war schon fantastisch mitanzusehen, wie unsere Schüler zusammen mit den behinderten Kindern um den Ball gekämpft haben. Nach einer kurzen Auftauphase gab es so gut wie keine Berührungsängste.

HANNES, 7c: Ich musste mich ganz schön anstrengen, um den Rollstuhl zu lenken und den Ball zu kriegen. Am Schluss war ich ziemlich k. o. Morgen habe ich bestimmt einen irren Muskelkater.

HERR FREI (BVSV): Wir haben uns sehr über die Anfrage der Schule gefreut. Zunächst gab es durch unsere Rollstuhlfahrer eine Einführung in die Sportart. Dann wurden die Rollstuhlbasketballtechniken geübt, bevor ein richtiges Turnier gespielt wurde.

EMRE, 6a: Ich fand es super, dass unsere Klasse mit Hilfe der behinderten Kinder beim Basketball ge-

wonnen hat, obwohl es gegen die 5c richtig knapp war.

HERR SCHLAU (Schulleiter): Wir werden das Projekt im nächsten Jahr auf jeden Fall wiederholen und ausbauen.

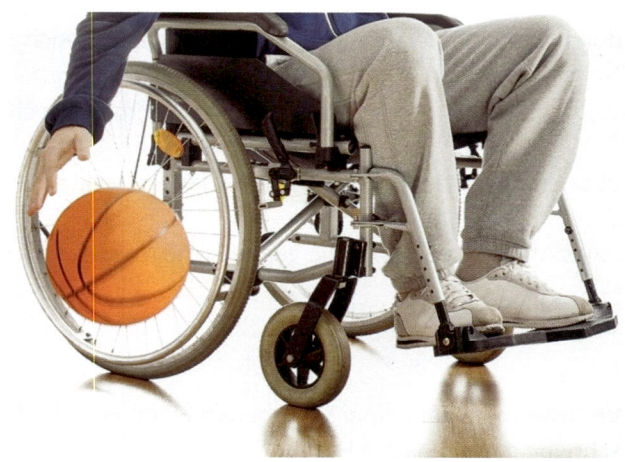

Wissen und können   **Sprachliche Mittel des Berichtens**

- Schreibe **sachlich** und nüchtern. Vermeide Gefühle, erzählende Ausschmückungen, Umgangssprache oder Vermutungen.
- Schreibe in der Zeitform **Präteritum,** z. B.: *eröffnete, begrüßte.*
  Verwende das Plusquamperfekt, wenn etwas vorher passiert ist, z. B.:
  Nachdem *die Sportler des BVSV die Ballwurftechniken* **erklärt hatten,** *konnten wir mit dem Üben beginnen.*
- Mache die **Reihenfolge der Ereignisse** durch **passende Satzanfänge** deutlich, z. B.:
  Zuerst ... Anschließend ... Später ... Zum Schluss ...

Tipp: Im Gegensatz zu einem Unfallbericht kann in einem Schülerzeitungsbericht oder einem Bericht für eine Website auch die persönliche Meinung anklingen. Er sollte sachlich, aber auch lebendig gestaltet sein.

2 Lege für deinen Bericht einen Schreibplan wie folgt an. Trage darin die Informationen aus Aufgabe 1, S. 14, ein.

Adressaten des Berichts: _____

Einleitung   *Was?* _____

Wer? _____

Wann? _____

Wo? _____

Welche Folgen (knapp)? _____

Hauptteil   *Wie genau? (Verlauf des Geschehens)* _____

_____

_____

Schluss   *Welche Folgen? (Ausblick)* _____

_____

3 Arbeite den folgenden Textauszug richtig aus, indem du die Verben in Klammern ins richtige Tempus setzt.

Nach dem Spiel *(finden)* die große Siegerehrung statt. Zunächst *(bedanken)* sich Herr Schlau bei den Rollstuhlfahrern, dass diese sich *(bereit erklären)*, einen Tag mit uns zu verbringen. Nachdem alle eine Auszeichnung für die Teilnahme *(erhalten)*, die Klassen 6 a und 5 c für ihre Siege besonders *(ehren)*.

_____

_____

_____

_____

Wissen und können   **Adressat/-en festlegen – Für wen schreibst du?**

- Ein **Unfallbericht**, z. B. für die Polizei, enthält nur die **wichtigsten Informationen**.
  Er wird **sachlich** und **ohne Wertung** verfasst.
- Ein Bericht für die **Schülerzeitung** oder eine **Website** kann auch die **persönliche Meinung** anklingen lassen,
  z. B.: *Besonders anspruchsvoll war …; Besonders gut gelungen ist …*
  Vermeide jedoch erzählende **Ausschmückungen**, bloße **Vermutungen** oder **Umgangssprache**, z. B.:
  blöd, irre, doof, …
- Ein Bericht kann **Aussagen Dritter** oder einen **Appell** enthalten, z. B. eine Aufforderung wie: *Mach mit!*
  Der Appell erfolgt zum Schluss und wird knapp und sachlich begründet.

5   Nicht alle der folgenden Aussagen A bis G eignen sich für einen Schülerzeitungsartikel oder für eine Website.
    a Entscheide für jeden Satz: Ist er sachlich formuliert, enthält er Umgangssprache oder bloße Vermutungen?
    b Korrigiere unpassende Aussagen und formuliere sie neu in deinem Heft.

	sachlich	Umgangssprache	Vermutung
A Äußerst beeindruckend fand ich die Geschicklichkeit der behinderten Kinder.			
B Wahrscheinlich haben sie sehr lange trainiert.			
C Rollstuhlbasketball ist eine faszinierende Sportart.			
D Es ist bedauerlich, dass diese Sportart nicht bekannter ist.			
E Es war auch nicht ohne, mit dem Ball im Rollstuhl sitzend in den Korb zu treffen.			
F Das ging vor allem bei den Fünftklässlern oft richtig daneben.			
G Der Projekttag sollte unbedingt wieder angeboten werden.			

6   In dem folgenden Auszug aus dem Hauptteil eines Berichts ist auch die persönliche Meinung formuliert worden.
    a Unterstreiche gelungene Textstellen, unterringle weniger gelungene. Du kannst sie auch farbig markieren.
    b Überarbeite den Auszug in deinem Heft.

Beim Rollstuhlbasketball war es für mich anfangs ziemlich schwierig, mich zu orientieren. Da fand ich es schon ziemlich erstaunlich, wie gut die Kinder mit ihrer körperlichen Einschränkung umgegangen sind.
Manche meiner Klassenkameraden haben sich hingegen wirklich dämlich angestellt. Aber trotzdem war es blöd, dass aus dem Publikum immer wieder Buh-Rufe kamen.

7   Schreibe einen Schluss für deinen Artikel. Rufe dazu auf, den Projekttag im nächsten Jahr auf zwei Tage auszudehnen. Nutze den folgenden Wortspeicher.

> bewegende Erfahrung • Förderung von Fairness • Abbau von Berührungsängsten • sportliche Betätigung • kein Unterricht

8   Verfasse mit Hilfe deiner Vorarbeiten einen vollständigen Bericht für die Schulwebsite. Schreibe ihn in dein Heft.

Argumentieren und überzeugen – Wo unterrichten?

1 **a** Benenne das strittige Thema der Diskussion, um das es in dem folgenden Text geht.
Du kannst das Thema auch als Frage formulieren. Trage es in die Übersicht zu Aufgabe 2 ein.

b Ergänze die Übersicht durch die Meinung der Klasse und die des Lehrers.

Unterricht draußen – eine tolle Idee?

„Können wir nicht draußen Unterricht machen?", fragt Marlen an einem besonders heißen Schultag in der sechsten Stunde. Ihre Klassenkameraden stimmen begeistert zu: „Au ja, draußen ist es viel ange-
5 nehmer als hier drinnen, wo es total stickig ist!" – „Draußen könnten wir uns bestimmt viel besser konzentrieren und würden besser mitarbeiten!" – „Ach bitte, sagen Sie Ja!" Aber der Klassenlehrer winkt ab: „Kinder, ihr wisst doch, dass das nicht geht
10 – es können ja auch nicht alle Klassen machen!"
„Die Klassen könnten sich doch abwechseln", erwidert Johannes. Herrn Hamann überzeugt das nicht: „Außerdem ist es für die Klassen, die drinnen bleiben müssen, zu laut, wenn wir auf dem Schulhof Unter-
15 richt machen. Das stört nur. Und draußen fehlen doch auch alle Voraussetzungen für richtigen Unterricht: Es gibt keine Tische und keine Stühle, keine Tafel und keinen Strom!" Aber die Klasse gibt nicht so leicht auf: „Dann müssen wir eben ein bisschen
20 improvisieren: Wir sitzen auf dem Rasen und machen etwas, bei dem man nicht schreiben muss und keine Tafel braucht." – „Genau, so ein Unterricht ist eine klasse Abwechslung und macht bestimmt Spaß!" – „Nein, keine Diskussion – die Schulleitung hat es sowieso verboten, dass Klassen während der Unter-
25 richtszeit draußen sind", will der Lehrer das Gespräch beenden. Aber Ann-Kathrin, die Klassensprecherin, macht einen letzten Vorschlag: „Gut, heute bleiben wir eben drin. Aber wir beantragen, in der nächsten Klassenstunde ausführlicher darüber zu diskutie-
30 ren." – „Von mir aus, dann diskutieren wir darüber in der Klassenstunde nächsten Freitag", stimmt Herr Hamann diesem Vorschlag zu. Die Klasse will weitere Argumente suchen, damit sie am Freitag ihre Meinung überzeugend begründen kann.
35

2 **a** Unterstreiche im Text die <u>Begründungen der Klasse</u> und unterringle die <u>Begründungen des Lehrers.</u>
b Trage in deinem Heft zwei bis drei Begründungen für jede Meinung in eine Tabelle wie folgt ein.

strittiges Thema: *Kann / Darf*

Meinung der Klasse:	Meinung des Lehrers:
...	...
Begründungen der Klasse:	Begründungen des Lehrers:
...	*– ist ungerecht: eine Klasse würde bevorzugt werden*
...	...

| **Wissen und können** | **Formulierungsbausteine für die Argumentation** |

Eine Argumentation wirkt überzeugender, wenn sie **sprachlich sinnvoll verknüpft** ist.

- **Meinungen:** verdeutlicht man z. B. so:
  Wir finden, dass ... Meiner Meinung/Ansicht nach ist ...
- **Begründungen** leitet man am besten mit folgenden Satzverknüpfungen ein:
  weil, da, denn, aus diesem Grund, deshalb, darum.
  Man kann aber auch mit einem neuen Satz anschließen, z. B.: *Der Grund dafür ist, dass ...*
- **Beispiele** veranschaulichen die Argumentation, z. B.: *Das sieht man daran, dass ..., beispielsweise, zum Beispiel, ... Aus eigener Erfahrung weiß ich, dass ... In einem Interview sagte ..., dass ...*

3 **Die Klasse will in der Schülervertretung beantragen, dass diese sich für Unterricht im Freien einsetzt.**
a **Verbinde mit Pfeilen jede Begründung A bis E mit einem passenden Beispiel 1 bis 5.**
b **Kreuze die zwei Begründungen und Beispiele an, die du am überzeugendsten findest.**

A Die frische Luft hilft gegen Müdigkeit und Konzentrationsschwächen.

B Das „offene Klassenzimmer" bedeutet eine Abwechslung vom regulären Unterricht im Klassenraum und wirkt deshalb positiv und anregend auf die Schülerinnen und Schüler.

C Als feste Einrichtung kann das „offene Klassenzimmer" von der Lehrkraft bei der Unterrichtsplanung sinnvoll eingesetzt werden.

D Über einen „Raumplan" kann sichergestellt werden, dass alle Klassen das „offene Klassenzimmer" wechselweise nutzen.

E Für manche Unterrichtsformen (z. B. eine Fishbowl-Diskussion) bietet das „offene Klassenzimmer" bessere Möglichkeiten als der Klassenraum.

1 Um in der Klasse einen Gesprächskreis zu bilden, müssen wir immer ganz viel umräumen.

2 Als wir zum Beispiel einmal Naturgedichte geschrieben haben, sind wir dafür hinausgegangen.

3 Für die Aula und die PC-Räume gibt es solche Raumpläne und die wechselweise Nutzung ist kein Problem.

4 Bei einem Ausflug ins Freiluftmuseum fand der Unterricht dort draußen statt und alle haben super mitgearbeitet.

5 Im letzten Sommer war die Luft in manchen Klassenräumen so stickig, dass selbst die Lehrer gesagt haben, sie könnten sich nicht mehr konzentrieren.

4 **Verdeutlichen die folgenden Formulierungsbausteine 1 bis 9 eine Meinung, leiten sie eine Begründung ein oder bieten sie ein anschauliches Beispiel? Trage die Ziffern richtig in die nachstehende Liste ein.**

1 Ich habe selbst letzte Woche die Erfahrung gemacht, dass ... • 2 Wir sind der Ansicht, dass ...
3 Im Internet habe ich folgendes Beispiel gefunden ... • 4 Ich vertrete den Standpunkt, dass ...
5 Dies ist zu begründen, indem man ... hervorhebt. • 6 Ich fände es gut, wenn ...
7 Außerdem spricht für diesen Standpunkt, dass ... • 8 Schließlich ist als Argument noch anzuführen, dass ...
9 An der Schule meines Bruders gibt es einen solchen Fall, nämlich ...

Meinung verdeutlichen: ☐ ☐ ☐

Begründungen einleiten: 5 ☐ ☐

veranschaulichende Beispiele: ☐ ☐ ☐

Wissen und können   Die eigene Meinung schriftlich begründen

- Es gibt viele **verschiedene Anlässe,** die **eigene Meinung** in einem Text **zu begründen.**
  Auch die **Textsorten,** in denen argumentiert werden kann, sind vielfältig.
  So können z. B. Briefe oder Zeitungsartikel **argumentierende Abschnitte** enthalten.
- Die Bestandteile einer **Argumentation** bleiben stets die gleichen:
  Meinung (Behauptung) – Begründung – Beispiel.
- Denke bei deiner Argumentation immer an den **Adressaten** bzw. an denjenigen, den du überzeugen
  möchtest. Ein Lehrer z. B. lässt sich eher von einer neuen Unterrichtsmethode überzeugen, wenn
  die Begründungen und Beispiele dafür mehr Lernerfolg versprechen.

5   Welche der folgenden Begründungen A oder B ist besser oder weniger geeignet,
um von einem „offenen Klassenzimmer" zu überzeugen?
Begründe kurz deine Einschätzung.

Ein „offenes Klassenzimmer" ist sinnvoll, weil ...

A ... man gerade im Freien viele Dinge aus dem Natur- und Technik-Unterricht vor Ort lernen kann.
B ... so ein Raumwechsel ins „offene Klassenzimmer" mehr Abwechslung bringt.

– Begründung A ist _____ geeignet als B, weil _____

_____

– Begründung B ist _____ geeignet als A, weil _____

_____

6   Formuliere in deinem Heft die folgenden Stichworte zu einer Argumentation
für die Einrichtung eines „offenen Klassenzimmers" aus.
Verwende passende Verknüpfungen.

> „offenes Klassenzimmer" ist sinnvoll • Inhalte aus dem Unterricht können vor Ort gelernt werden •
> Suchen und Bestimmen von Pflanzen und deren Samen ist im Freien kein Problem

7   Argumentiere selbst in einem kurzen Artikel für die Schülerzeitung für ein „offenes Klassenzimmer".
●●●   Ergänze im Heft den folgenden Schreibplan und verfasse den Artikel.
Tipp: Wie man einen Bericht verfasst, kannst du auf den Seiten 14–16 nachlesen.

> *Schreibplan für den Schülerzeitungsartikel*
>
> *Einleitung:* – *im letzten Monat endlich einmal eine Doppelstunde Deutsch im Freien*
>
> *Hauptteil:* 1. *Bericht über Schulstunde: fünf Szenen aus der letzten Lektüre sollten nachgestellt werden,*
> *fünf Gruppen im Schulgarten verteilt, Stunde war ein toller Erfolg*
> 2. *Begründete Bitte an die Schulleitung, über die Einrichtung*
> *eines „offenen Klassenzimmers" nachzudenken:*
> – *„offenes Klassenzimmer" sinnvoll, weil ... Zudem ...*
> – *Beispiele: viele Unterrichtsmethoden dort viel leichter umsetzbar,*
> *z. B. lebendige Standbilder, ...*
>
> *Schluss:*   *Ein „offenes Klassenzimmer" wäre also eine sehr sinnvolle Einrichtung, die ...*

Teste dich!

Erzählen – Informieren – Argumentieren

1 Lies die folgenden Textabschnitte A bis C. Kreuze an, welche der nachstehenden Aussagen 1 bis 10 auf welche Textabschnitte zutreffen. Tipp: Manche Aussagen passen zu mehreren Textabschnitten.

A Am vergangenen Wochenende wurde erneut der Bayerische Landes-Leistungswettbewerb der Jugendfeuer-wehren in Schrobenhausen abgehalten. Bei dieser Begegnung traten junge Feuerwehrleute im Alter von 12 bis 16 Jahren an und mussten ihre Geschicklichkeit und ihr Können in verschiedenen Bereichen der Feuer-wehrarbeit unter Beweis stellen. Gegen Mittag fiel am städtischen Sportgelände der Startschuss für den Wettbewerb der Jungfeuerwehrleute. Gefordert waren unter anderem das Auslegen von Druckschläuchen, das Zielspritzen mit der Kübelspritze oder das Überwinden von Hindernissen im Staffellauf. Am Spätnach-mittag fand im Beisein des Bürgermeisters die Siegerehrung statt.

B Der Wettkampf war ein richtiges Abenteuer, denn auf dem Sportgelände ging es zu wie in einem Hexenkessel. Besonders aufregend fand ich den Hindernislauf. Als es endlich so weit war und ich an der Startlinie stand, hatte ich schweißnasse Hände und konnte mich vor Aufregung und Kribbeln im Bauch kaum noch konzentrie-ren. Die Anfeuerungsrufe der Zuschauer drangen nur noch gedämpft in mein Ohr und alles verschwamm vor meinen Augen. „Nur keinen Fehler machen", sagte ich mir, „ du hast das so oft geübt und du kannst das!" Plötzlich fiel der Startschuss und ich sprintete los, was das Zeug hielt.

C In fast jedem Ort in Bayern gibt es freiwillige Feuerwehren – egal ob Großstadt oder Dorf. Alle können sich dort ehrenamtlich einbringen, um ihren Mitmenschen in Notsituationen zu helfen. Mit 12 Jahren dürfen Mädchen und Jungen bereits der Jugendfeuerwehr beitreten. Meiner Meinung nach ist das eine hervor-ragende Sache, da auf diese Weise junge Menschen an die wichtige Feuerwehrarbeit herangeführt werden und diese spielerisch lernen. Aus eigener Erfahrung weiß ich, dass die Aktionen der Feuerwehr und die Wett-bewerbe richtig viel Freude bereiten. Beim letzten Landes-Leistungswettbewerb in Schrobenhausen habe ich zahlreiche neue Freunde kennen gelernt und mit diesen ereignisreiche Tage verbracht. Außerdem lernt man bei der Feuerwehr früh, Verantwortung zu übernehmen.

Die Aussage	trifft zu auf	A	B	C
1 Der Text enthält ausdrucksstarke Adjektive und treffende Verben.		☐	☐	☐
2 Der Text ist mit Hilfe der wörtlichen Rede lebendig gestaltet.		☐	☐	☐
3 Der Text begründet Meinungen mit Hilfe von Beispielen.		☐	☐	☐
4 Der Text beschreibt auch die innere Handlung.		☐	☐	☐
5 Der Text enthält keine Umgangssprache.		☐	☐	☐
6 Der Text ist sachlich verfasst.		☐	☐	☐
7 Der Text ist im Präteritum geschrieben.		☐	☐	☐
8 Der Text wirkt spannend.		☐	☐	☐
9 Der Text verdeutlicht die Meinung des Verfassers.		☐	☐	☐
10 Der Text enthält bildhafte Wendungen oder Vergleiche.		☐	☐	☐

2 Ordne A, B und C den folgenden Grundformen des Sprechens und Schreibens zu:

Erzählen = _____   Informieren (Berichten) = _____   Argumentieren = _____

3 a Zähle die Punkte, die du erreicht hast, mit Hilfe des Lösungsheftes zusammen (▶ S. 9).
b Übe erneut mit Hilfe der Seiten 4 bis 19, wenn du weniger als 13 Punkte erreicht hast.

Einen Sachtext lesen und verstehen – Die Golden Gate Bridge

Wissen und können   Die Fünf-Schritt-Lesemethode

1 **Überblick verschaffen:** Lies zunächst nur die **Überschrift** (evtl. Zwischenüberschriften) und die ersten drei bis fünf Zeilen des Textes. Betrachte dann, sofern vorhanden, die **Abbildungen.**
Überlege im Anschluss: Worum geht es in dem Text? Was weißt du schon über das Thema?

2 **Zügig lesen:** Lies **den gesamten Text zügig durch.** Halte dich nicht an Textstellen auf, die du nicht sofort verstehst.

3 **Sorgfältig lesen:** Lies den Text ein zweites Mal in aller Ruhe. **Kläre unbekannte oder schwierige Wörter** aus dem Textzusammenhang oder durch Nachschlagen in einem Lexikon.

4 **Gliedern: Markiere die wichtigsten Schlüsselwörter.** Das sind Wörter, die die wichtigsten Textinformationen beinhalten. **Gliedere** danach den **Text in Sinnabschnitte mit Überschrift.**
Tipp: Oft stimmen die Sinnabschnitte mit den vorhandenen Textabsätzen überein.
Ein neuer Sinnabschnitt beginnt dort, wo ein neues Unterthema angesprochen wird.

5 **Zusammenfassen:** Fasse die wichtigsten Informationen des Textes in wenigen Sätzen zusammen. Beantworte hierbei die W-Fragen: Wer? Was? Wo? Wann? Wie? Warum?

1
a Lies die Überschrift und die ersten Zeilen des folgenden Sachtextes „Die Golden Gate Bridge" und sieh dir die Abbildungen an.
b Notiere in Stichworten, was du schon über das Thema weißt.

2
a Lies den Text „Die Golden Gate Bridge" zügig durch.
Halte dich dabei nicht mit Einzelheiten auf, die dir noch unverständlich sind.
b Notiere nach dem ersten Lesen das genaue Thema des Textes.

Das Thema des Textes ist

Die Golden Gate Bridge – Ein Wunderwerk der Baukunst

Niemals vorher hatte es jemand gewagt, eine Brücke über eine so breite Wasserstraße zu schlagen. Dazu kamen extrem widrige Baubedingungen in der Bucht von San Francisco: Die Einfahrt zur Bucht, das Golden Gate, war und ist stark erdbebengefährdet, tosende Winde und reißende Strömungen würden jede Brückenkonstruktion aufs Äußerste beanspruchen. Deshalb gab es unter den Einwohnern San Franciscos nicht wenige, die einen Fehlschlag befürchteten, als am 5. Januar 1933 die ersten Maschinen zum Bau der Golden Gate Bridge starteten. Doch die Bauarbeiten kamen gut voran, auch wenn die Anforderungen an die Elastizität der sturmfesten und erdbebensicheren Brückenkonstruktion extrem und der Aufwand an Material gewaltig waren. Nicht nur die Spannweite, auch die Höhe der Hängebrücke sollte alle Rekorde überbieten. Die geplanten Dimensionen (s. Abbildung S. 22) waren nötig, um den Schiffsverkehr durch das Golden Gate nicht zu behindern. Das amerikanische Kriegsministerium bestand darauf, dass auch das größte Schiff der Navy die Brücke noch passieren konnte, ohne die Aufbauten zu beschädigen.

21

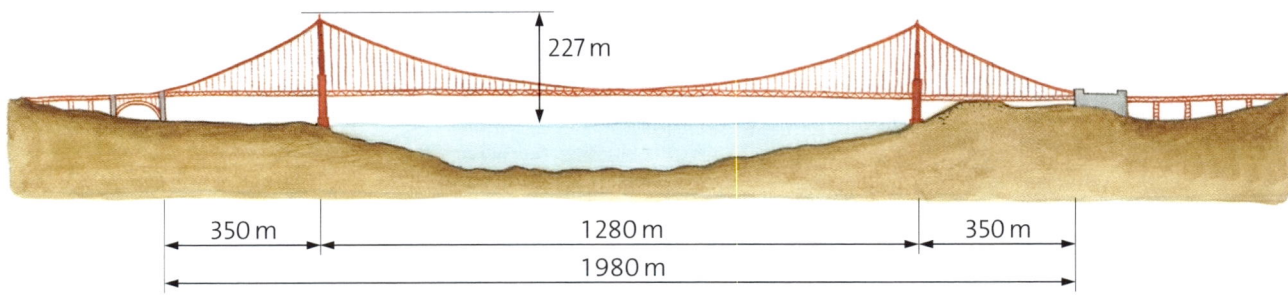

227 m

350 m   1280 m   350 m

1980 m

Das Team um Chefingenieur Joseph B. Strauss musste für den Bau der Grundelemente der Brücke immensen technischen Aufwand betreiben. Allein für die Fundamente der Pylone und die Verankerung der Trageseile an den jeweiligen Ufern verbauten sie 140 000 m³ Beton. Die Konstruktion eines Fundaments für den südlichen Pylon gestaltete sich besonders schwierig, weil er 350 m vom Ufer entfernt in 30 m tiefem Wasser stehen sollte. Helmtaucher sprengten unter Wasser zunächst armdicke Befestigungslöcher in den Grund der Bucht. Wegen der starken Gezeitenströmung konnten die Taucher nur 20 Minuten am Tag arbeiten, wenn zwischen Ebbe und Flut Gleichgewicht herrschte. Danach wurde mit Stahlarmierungen und Betonschalen ein Senkkasten von der Größe eines Fußballfeldes errichtet und das Meerwasser daraus abgepumpt. Schließlich füllten die Brückenarbeiter den Senkkasten bis auf eine Höhe von 11 m über der Wasseroberfläche mit Beton.

Auf diesen Fundamenten errichteten die Ingenieure sodann zwei elegante Pylone im Art-Déco-Stil, die aus vernieteten Stahlplatten bestehen. Mit 227 m waren diese Türme lange Zeit die höchsten Brückenträ-

ger der Welt. Danach spannten die Arbeiter die zwei Tragekabel, welche das ungeheure Gewicht der Fahrbahn halten müssen, zwischen den Ankerpunkten und Pylonen. Ein Kabel ist fast einen Meter dick und besteht aus 27 572 einzelnen Stahldrähten. Allein für das Flechten und Spannen der Kabel benötigten die Handwerker über sechs Monate. Schließlich befestigten die Arbeiter die Fahrbahnkonstruktion an den vertikalen Hängeseilen und der Malertrupp begann, die Brücke zu streichen. Weil der salzhaltige Nebel der Bucht von San Francisco die Brücke oft umweht und den Stahl der Konstruktion angreift, ließ Brückenarchitekt Morrow sie mit einer speziellen Rostschutzfarbe im Ton „International Orange" streichen. Dadurch passt sich die Brücke viel besser der Landschaft an, als wenn man sie in traditionellem Grau gestrichen hätte.

Am 27. Mai 1937, nach nur vier Jahren Bauzeit, hatte Chefingenieur Strauss alle Befürchtungen widerlegt. Zur Eröffnung des sensationellen Bauwerks schlenderten 200 000 Bürger San Franciscos auf der neuen Brücke über das Golden Gate. Am nächsten Tag folgten 32 000 Autos. Heute überqueren täglich etwa 100 000 Kraftfahrzeuge die Brücke. Wie die Freiheitsstatue gehört die kühne und elegante Konstruktion zu den bekanntesten Wahrzeichen Amerikas.

3 **a** Lies den Text erneut, nun aber sorgfältig. Unterstreiche dir unbekannte Wörter.
   b Kläre ihre Bedeutung und schreibe sie mit Erläuterungen in dein Heft (▶ Wissen und können).

4 Im ersten Textabschnitt (S. 21, Z. 1–23) sind einige Schlüsselwörter markiert.
   a Markiere in diesem Abschnitt weitere Schlüsselwörter, die für dessen Aussage wichtig sind.
   b Markiere die Schlüsselwörter im gesamten Text.

| Wissen und können | Unbekannte Wörter und schwierige Begriffe klären |

- Die **Bedeutung unbekannter Wörter** kannst du meist aus dem **Textzusammenhang** klären.
- **Fachbegriffe,** z. B. zum Brückenbau, kannst du auch im Lexikon nachschlagen, z. B. in einem **gedruckten Schülerlexikon,** oder in einem **Online-Lexikon im Internet** finden. Spezielle Suchmaschinen für Kinder bieten außerdem gute Informationen.
- **Wortzusammensetzungen** musst du **zerlegen** und nach dem Grundwort suchen. Das Grundwort ist der letzte Bestandteil einer Wortzusammensetzung, z. B.: *Chefingenieur* = Chef | Ingenieur (= Grundwort).

5 Der Text „Die Golden Gate Bridge" (▸ S. 21–22) ist bereits in Sinnabschnitte unterteilt.
Wähle für jeden Sinnabschnitt die passende Zwischenüberschrift aus und schreibe diese in die Leerzeile im Text.
Achtung: Zwei Zwischenüberschriften passen nicht.

| Meisterhafte Ingenieurleistung | Ein grandioser Erfolg | Stahl mit Stil |

| Der große Fehlschlag | So viele Besucher wie noch nie | Ein großes Wagnis |

6 Fasse die Informationen des Textes mit eigenen Worten in deinem Heft zusammen. Gehe so vor:
a Welche wichtigen W-Fragen lassen sich je Abschnitt klären? Notiere und beantworte sie (= Schritt 1).
  Fasse dann die herausgearbeiteten Informationen mit eigenen Worten zusammen (= Schritt 2).
b Gehe für die Sinnabschnitte 2 bis 4 vor, wie im Folgenden für Sinnabschnitt 1 beispielhaft gezeigt:

| **Schritt 1**
(W-Fragen): | *Wann? 1933 – Wo? San Francisco – Was? längste und höchste Brücke in Gegend mit Gefahren, Zweifel am Gelingen – Wie? großer Aufwand, Anforderungen an Konstruktion* |
| **Schritt 2**
(eigene Worte): | *1933 wurde in San Francisco die damals längste und höchste Brücke der Welt gebaut. Die Konstruktion musste Erdbeben, Winden und Strömungen standhalten. Viele bezweifelten, dass man eine Hängebrücke über das Golden Gate bauen könne.* |

Wissen und können   Grafiken lesen und verstehen

- Eine **Grafik** kann anschaulich **Zahlen** (z. B. Größenverhältnisse), **Konstruktionen und Funktionen** (z. B. Bauwerke) oder **Orts- bzw. Lageangaben** (z. B. Landkarten) darstellen.
- Eine Grafik kannst du wie folgt **auswerten:**
  1 **Benenne,** worum es in der Grafik geht und wie die Informationen dargestellt werden, z. B.: *Die Grafik zeigt anhand einer Skizze die Bauweise und Größe der Brücke.*
  2 **Beschreibe,** welche Informationen die Grafik bietet: *Die orangefarbene Brücke überspannt …*
    Tipp: Prüfe, ob die Grafik Farben, Beschriftungen oder Symbole enthält, die zusätzlich in einer sogenannten Legende erklärt werden.
  3 **Erkläre** besonders wichtige Informationen. Prüfe, ob du aus ihnen **Schlussfolgerungen** ziehen kannst, z. B.: *Die enorme Spannbreite und … veranschaulicht/zeigt …*

7 a Notiere, welche Sinnabschnitte die Grafik auf S. 22 im Text veranschaulicht.

_____

b Benenne in Stichworten, welche Eigenschaften der Brücke in der Grafik bildlich dargestellt werden.

_____

c Beschreibe und erkläre knapp die dargestellten Informationen (▸ Wissen und können).

_____

_____

d Begründe, weshalb die Grafik helfen kann, den Text leichter zu verstehen.

_____

_____

Einen Erzähltext lesen und verstehen – Eine Eulenspiegelei

Wissen und können	Die Schelmengeschichte (der Schwank)

- Im Mittelalter nannte man einen Bösewicht **Schelm.** Heute versteht man darunter einen Spaßvogel.
- Eine **Schelmengeschichte** (auch: **Schwank**) ist eine **kurze Erzählung** über einen **lustigen Einfall,** ein Ereignis oder über einen **Streich,** der jemandem gespielt wird. Die Streiche richten sich meist **gegen besser Gestellte,** Reiche oder Mächtige. Deshalb sind diese Geschichten auch so beliebt.
- Besonders bekannt sind die **Schelmengeschichten Till Eulenspiegels,** eines fahrenden Handwerksburschen aus dem Mittelalter. Darin **entlarvt** er mit seinen Streichen das **engstirnige Verhalten** und den **Eigennutz** seiner Mitmenschen. Er erteilt oft dadurch eine Lehre, indem er z. B. Aussagen oder Aufträge wortwörtlich nimmt und nicht im gemeinten Sinne ausführt.

1 Lies die folgende Geschichte über Till Eulenspiegel, die Erich Kästner nacherzählt hat. Formuliere knapp deinen ersten Leseeindruck. Wie gefällt dir Eulenspiegels Streich?

Erich Kästner (1899–1974)

Wie Eulenspiegel die Kranken heilte

Es stimmt schon. Wer als Kind ein rechtes Radieschen war, wird als Erwachsener immer schlimmer. Noch dazu, wenn der Vater zu früh wegstirbt. So war es auch mit Till Eulenspiegel. Er trieb es von Jahr zu
5 Jahr toller. Er wechselte die Berufe öfter als das Hemd. Und da er nirgends lange bleiben konnte, weil man ihn sonst verkehrt aufgehängt oder wenigstens halb totgeschlagen hätte, kannte er, kaum dass er zwanzig Jahre alt war, Deutschland wie seine
10 Westentasche.
So kam er auch nach Nürnberg. Und hier trieb er's ganz besonders bunt. Er klebte an die Kirchentüren und ans Rathausportal Plakate, auf denen er sich als Wunderdoktor ausgab. Es dauerte auch gar nicht lan-
15 ge, da kam der Verwalter vom Krankenhaus zum Heiligen Geist anspaziert und sagte: „Sehr geehrter Herr Doktor! In unserem Spital liegen so viele Kranke, dass ich mir nicht mehr zu helfen weiß. Alle Betten sind belegt, und das Geld reicht vorn und hin-
20 ten nicht. Können Sie mir keinen Rat geben?"
Eulenspiegel kratzte sich hinterm Ohr und antwortete: „Doch, doch, lieber Mann. Aber guter Rat ist teuer."
„Wie viel?", fragte der Verwalter.
Und Eulenspiegel sagte: „Zweihundert Gulden."
25 Zunächst blieb dem guten Mann die Luft weg. Und dann erkundigte er sich, was der Herr Doktor Eulenspiegel dafür leisten wolle.
„Dafür mache ich in einem einzigen Tag alle Kranken gesund, die im Hospital liegen! Wenn mir's

nicht gelingen sollte, will ich keinen Pfennig haben." 30
„Ausgezeichnet!", rief der Mann, nahm Eulenspiegel auf der Stelle mit ins Krankenhaus und sagte den Kranken, der neue Doktor wolle sie alle heilen. Sie müssten sich nur genau nach seinen Vorschriften richten. 35
Dann ging er ins Verwaltungsbüro und ließ Till mit den Kranken allein. Eulenspiegel ging langsam von Bett zu Bett und unterhielt sich mit den Leuten. Er sprach sehr leise und geheimnisvoll mit jedem von ihnen. Und einem jeden sagte er das Gleiche. 40
„Ich will euch allen helfen", sagte er, „dir, mein Freund, und den anderen auch. Und ich weiß ein fabelhaftes Rezept dafür. Ich muss einen von euch zu Pulver verbrennen. Dieses Pulver müsst ihr dann einnehmen. Ich habe mir auch schon überlegt, wen 45
von euch ich zu Pulver verbrennen werde: den Kränksten im Saal. Das wird das Beste sein, meinst du nicht auch? Na also." Dann beugte er sich noch

tiefer und fuhr noch leiser fort: „In einer halben Stunde hole ich den Verwalter herauf. Der wird die Gesunden unter euch fortschicken. Es wird also gut sein, wenn du dich ein bisschen beeilst, mein Lieber. Denn den Letzten verbrenne ich leider zu Pulver. Die Sache will's!" So ging er zu jedem und erzählte jedem das Gleiche.

Dann holte er endlich den Verwalter nach oben. Und der Verwalter rief mit lauter Stimme: „Wer sich gesund fühlt, ist entlassen!"

In drei Minuten war der Saal leer! Alle rannten oder humpelten, so schnell sie nur irgend konnten, aus dem Krankenhaus hinaus. Solche Angst hatten sie! Es waren welche dabei, die seit zehn Jahren hier gelegen hatten. Der Hospitalverwalter war sprachlos. Er raste ins Büro und brachte Eulenspiegel zweihundertzwanzig (220) Gulden. Die streckte er ihm hin

und sagte: „Zwanzig Gulden gebe ich Ihnen extra. Sie sind der beste Arzt der Welt."

„Stimmt", sagte Eulenspiegel. Damit meinte er den Geldbetrag. Er steckte ihn in die Tasche, empfahl sich und machte, dass er Nürnberg in den Rücken bekam.

Schon am nächsten Tag kehrten alle Kranken ins Hospital zum Heiligen Geist zurück und legten sich wieder in ihre Betten.

Der Verwalter war außer sich. „Um alles in der Welt", rief er, „ich denke, er hat euch gesund gemacht?"

Da erzählten sie ihm, warum sie gestern davongelaufen waren und dass sich keiner habe zu Pulver verbrennen lassen wollen.

„Ich bin ein Esel", sagte der Verwalter. „Der Lump hat mich betrogen, und ich habe ihm sogar noch zwanzig Gulden mehr gegeben, als er verlangt hat!"

2 a **Versuche, die folgenden Formulierungen aus dem Textzusammenhang zu erklären.**
b **Notiere weitere Formulierungen, die du beim ersten Lesen nicht gleich verstanden hast, und erkläre sie (▶ S. 22).**

– Z. 1–2: „ein rechtes Radieschen" = _____

– Z. 69–70: er „empfahl sich" = _____

– Z. _____

– Z. _____

– Z. _____

3 **Prüfe mit Hilfe der Aussagen A bis E, ob du den Inhalt der Geschichte richtig verstanden hast:**
Wähle hierzu jeweils die treffendere Aussage aus und notiere die Zeilen, mit denen du das belegen kannst.

A Till Eulenspiegel ...

☐ ... hatte eine schwere Kindheit und entwickelte sich deshalb zum Betrüger. ☐ ... war schon als Kind ein Spaßmacher. – Z. _____

B Till Eulenspiegel kennt sich in ganz Deutschland aus, ...

☐ ... weil er ständig seine Berufe wechselt. ☐ ... weil er schon nach kurzer Zeit aus den Orten fliehen muss. – Z. _____

C Der Krankenhausverwalter wendet sich ...

☐ ... aus Geldgier an Till Eulenspiegel. ☐ ... aus Verzweiflung an Till Eulenspiegel. – Z. _____

D Till Eulenspiegel spricht mit jedem der Patienten einzeln, ...

☐ ... um herauszufinden, wer am schlimmsten krank ist. ☐ ... um den Patienten Angst einzujagen. – Z. _____

E Am Ende der Geschichte ist der Verwalter wütend, ...

☐ ... weil er Till Eulenspiegel blind vertraut hat. ☐ ... weil er Till Eulenspiegel 250 Gulden gegeben hat. – Z. _____

4 a **Gliedere die Geschichte in Sinnabschnitte. Ergänze die fehlenden Zeilenzahlen.**
b **Fasse die Sinnabschnitte in Stichpunkten zusammen.**

Vorgeschichte Till Eulenspiegels (Z. 1–1___): *Till schon als Kind*

_____

_____

Einleitung (Z. _____): *Till kommt*

_____

Hauptteil (Z. _____ –71): _____

_____

_____

Schluss (Z. _____): _____

_____

5 Eulenspiegels List funktioniert, weil der Verwalter nicht so denkt und handelt wie der Schelm.
a **Beschreibe die beiden Hauptfiguren der Geschichte. Ordne ihnen in der folgenden tabellarischen Gegenüberstellung Eigenschaften aus dem nachstehenden Wortspeicher zu.**
b **Finde für jede der zwei Figuren zwei bis drei weitere passende Adjektive.**

rücksichtslos • naiv • raffiniert • unbekümmert • vertrauensselig • schlau • leichtgläubig • gerissen

Till Eulenspiegel	Krankenhausverwalter

6 Till Eulenspiegels Abenteuer wird lebendig und anschaulich erzählt. Benenne für die vier folgenden Textstellen, mit welchen sprachlichen Mitteln der Erzähler dies erreicht, und notiere Beispiele.

– *Vergleich (Übertreibung):* _____ *(Z. 5 f.)*

– _____ : *„ein fabelhaftes Rezept" (Z. 42 f.)*

– *Verben:* _____ *(Z. 60), „raste" (Z. 64)*

– _____ : *(Z.   )*

26

Was kannst du schon? – Grammatik

1 Trage ein, um welche Wortart es sich jeweils handelt. (5 Punkte)

A _____ : laut, dunkel, elegant, heftig

B _____ : auf, unter, hinter, neben, an

C _____ : Einhorn, Schloss, Zauberstab, Eule, Umhang

D _____ : ihm, sich, sie, dieses, mein

E _____ : lachen, übt, begrüßten, zauberst, geflogen

2 Gib für jede Wortzusammensetzung an, aus welchen Wortarten sie gebildet ist. (3 Punkte)

A Sofa|kissen *Nomen + Nomen* _____ B sonnenklar _____

C Zauberbuch _____ D Gartentorschlüssel _____

3 Leite von folgenden Nomen je ein Adjektiv ab. (5 Punkte)

A Dunkelheit: *dunkel* _____ B Lösung: _____

C Ehre: _____ D Zauber: _____

E Freude: _____ F Kind: _____

4 Bilde für diese beiden Adjektive die Steigerungsstufen. (4 Punkte)

gut – _____ – _____   hoch – _____ – _____

5 Verbinde jede der folgenden Personalformen mit der Zeitform, in der sie steht. (5 Punkte)

A du wirst reiten	a Präteritum
B ich wandere	b Plusquamperfekt
C es war ... gewesen	c Perfekt
D sie suchten	d Präsens
E man hat gelacht	e Futur

6 Kreuze an: Ist das Verb regelmäßig (schwach) oder unregelmäßig (stark) gebildet? (4 Punkte)

	regelmäßig	unregelmäßig
A Max träumt oft von Abenteuern.	☐	☐
B Dann vergisst er alles um sich herum.	☐	☐
C Neulich schmökerte er in einem Fantasy-Roman.	☐	☐
D Den Auftritt mit dem Schulorchester vergaß er.	☐	☐

27

7 Stelle diesen Satz zweimal um (Umstellprobe).
Schreibe die beiden neuen Sätze auf. (2 Punkte)

In die geschmückte Aula strömen vor dem Konzert viele Schüler und Eltern.

A _____

B _____

8 Bestimme die Satzglieder A bis G, die in den folgenden Sätzen 1 bis 3 unterstrichen sind:
Trage die Buchstaben der Satzglieder in die folgende Tabelle ein. (7 Punkte)

1 Das Schulorchester (A) stimmt bereits die Instrumente (B).

2 Auf der Bühne (C) sehen die Besucher Bläser und Streicher aus den Klassen 5 bis 7 (D).

3 Als die Dirigentin erscheint (E), brandet ihr (F) lauter Applaus (G) entgegen.

Satz	Subjekt	Prädikat	Akkusativobjekt	Dativobjekt	adverbiale Bestimmung
1					
2					
3					

9 Unterstreiche in A bis D jeweils den Nebensatz und bestimme rechts daneben die Satzkonstruktion
(Hauptsatz = Hs, Nebensatz = Ns). (4 Punkte)

A Als die ersten Töne gespielt werden, stürmt Max auf die Bühne. _____

B Das Orchester verstummt, die Dirigentin blickt verärgert. _____

C Max behauptet, dass sein Hamster in seiner Geige Junge bekommen hat. _____

D Die Zuschauer lachen, denn diese Ausrede ist sehr fantasievoll. _____

10 Verknüpfe die beiden folgenden Sätze zu einer Satzreihe (A) und zu einem Satzgefüge (B).
Verwende die Konjunktionen *denn* und *weil*. (2 Punkte)

Das Konzert wurde unterbrochen.   Max kam zu spät.

A _____

B _____

11 a Prüfe deine Lösungen mit Hilfe des Lösungsheftes. (▶ S. 12).
  b Trage ein, wie du die Aufgaben bewältigt hast: ✓ = das meiste richtig   ? = noch etwas unsicher

Aufgabe	1	2	3	4	5	6	7	8	9	10
Weitere Übungen	Seite 29–31	Seite 29–30	Seite 29–30	Seite 29–30	Seite 33–36	Seite 33–36	Seite 43–44	Seite 44–49	Seite 55–58	Seite 55–58

Wortarten

Wiederholung: Nomen, Adjektive, Präpositionen und Pronomen

Wissen und können	Das Nomen (auch: Hauptwort, Substantiv; Plural: die Nomen)

Nomen (dazu gehören auch Eigennamen) bezeichnen **Lebewesen,** z. B.: *Frosch, Zauber, Schulleiter,* **Gegenstände,** z. B.: *Besen, Kessel,* oder **Gedanken/Gefühle/Zustände,** z. B.: *Angst, Freude,* und **gedachte** oder **vorgestellte Dinge,** z. B.: *Schönheit, Freundschaft.*
- Nomen werden immer **großgeschrieben.**
- Jedes Nomen hat ein **Genus** (ein grammatisches Geschlecht), das am **Artikel** erkennbar ist: **Maskulinum** (männlich), **Femininum** (weiblich) oder **Neutrum** (sächlich), z. B.: *der Zauberer, die Hexe, das Zauberbuch.*
- Nomen haben einen **Numerus** (Anzahl). Die meisten verfügen über **Singular** und **Plural,** z. B.: *die Hexe, die Hexen.* Manche Nomen gibt es nur im Singular, z. B.: *Lärm, Milch, Laub, Durst.*
- **Im Deutschen gibt es vier Kasus** (grammatische Fälle), in denen Nomen im Satz auftreten: **Nominativ** (Frage: Wer?/Was?), **Genitiv** (Frage: Wessen?), **Dativ** (Frage: Wem?) und **Akkusativ** (Frage: Wen?/Was?).

1 Neues aus dem Zauberunterricht: Ordne die Nomen in den folgenden Sätzen nach ihrem Genus. Lege im Heft eine Liste nach dem nebenstehenden Muster an und trage jedes Nomen im Singular mit Artikel ein.

Horatio verwandelt Steine in Schweine, Flöten in Kröten.	Raban verwandelt Kelche in Elche, Keulen in Eulen.	Hermanda verwandelt Tische in Fische, Kohlen in Fohlen.

Maskulinum: *der Stein, ...*

Femininum: ...

Neutrum: ...

2 Raban hat heute Bohnen in den Ohren, er versteht seinen Freund Horatio schlecht. Erfrage jeweils das unterstrichene Satzglied: Schreibe die Frage auf und gib in Klammern an, um welchen Kasus es sich handelt.

Horatio: Heute musste ich bei Professor Drachenfuß nachsitzen.

Raban: *Wer (was) musste heute bei Professor Drachenfuß nachsitzen? (Nominativ) = ich (Horatio)*

Horatio: Der alte Zauberer hat mir eine besondere Schreibfeder gegeben.

A Raban: _____

Horatio: Dann sollte ich hundertmal den gleichen Satz notieren: Ich muss meine Zaubersprüche lernen.

B Raban: _____

Horatio: Ich bediente mich der Feder und begann zu schreiben.

C Raban: _____

Horatio: Mit jedem Satz wuchs auf meiner Nase eine Warze. Angeblich verschwinden sie morgen wieder.

D Raban: _____

Horatio: Raban, du bist eine Nervensäge, nimm endlich die Bohnen aus den Ohren!

E Raban: _____

Wissen und können **Das Adjektiv** (Eigenschaftswort, Plural: die Adjektive)

Adjektive drücken aus, wie etwas ist. Sie beschreiben **Eigenschaften** von Lebewesen, Dingen, Vorgängen und Gefühlen genau, z. B.: *der **alte** Besen, der **braungelbe** Besen, der **brandneue** Besen*.
- Adjektive werden **kleingeschrieben**.
- Adjektive kann man meist **steigern**, z. B. *groß* (Positiv/Grundform), *größer* (Komparativ/1. Steigerungsstufe), *am größten* (Superlativ/2. Steigerungsstufe).
- Als **Attribut** (▶ S. 50–51) hat ein Adjektiv im Satz denselben **Kasus wie das Nomen**, z. B.: *den alten Besen*.

3 Bilde in deinem Heft sieben Sätze, in denen du die drei Zauberer mit Hilfe passender Adjektive vergleichst. Orientiere dich an dem nachstehenden Beispiel.
Der Bart von Prof. Drachenfuß ist kürzer als der von Merlin, der Bart von Abrakadabra ist am kürzesten.
Der Bart von Merlin ist länger …

Abrakadabra
Alter: 152 Jahre
Größe: 1,60 m
Bartlänge: 0,05 cm
Zauberbücher: 20

Merlin
Alter: 120 Jahre
Größe: 1,85 m
Bartlänge: 1,50 m
Zauberbücher: 35

Prof. Drachenfuß
Alter: 131 Jahre
Größe: 1,90 m
Bartlänge: 60 cm
Zauberbücher: 55

4 a Unterstreiche in dem folgenden Rezept für einen mächtigen Zaubertrank alle Adjektive.
●●● b Zwei Adjektive sind nicht steigerbar. Markiere sie.

Für den mächtigen Zaubertrank, der das Üben von Grammatik überflüssig macht, benötigst du diese Zutaten: Stelle einen stabilen Kochtopf auf das Feuer, wirf faule Zähne, tote Fliegen, eine große Spinne und runde Kellerasseleier hinein. Besorge dir nun frische Eier und knusprige Krötenfüße. Fülle das Ganze mit altem Drachenblut auf und lasse das ekelhafte Gebräu zehn Stunden kochen. Wenn du es trinkst, musst du nie wieder lästige Grammatik lernen! Klappt es nicht, hast du etwas falsch gemacht. Da hilft Lernen!

Wissen und können **Die Präposition** (Verhältniswort; Plural: die Präpositionen)

Präpositionen wie *in, auf, unter* drücken **Verhältnisse und Beziehungen** von Gegenständen, Personen oder anderem aus.
- Präpositionen stehen in der Regel vor einem Nomen und **bestimmen den Kasus des nachfolgenden Wortes** oder der Wortgruppe, z. B.: *Er greift **in den Kessel**. Es liegt etwas **in dem alten Kessel**.*
- Präpositionen sind **nicht flektierbar** (veränderbar).

5 Ein Hausmeister im Internat „Drachenfuß" hat viele Aufgaben.
Lies, was er zu tun hat, und umkreise im Text die jeweils passende Präposition.

Ein Zauberschulhausmeister sorgt von/über/mit Hilfe magischer Reiniger und der Unterstützung von/vom/bei Hausgeistern im/in/über der Schule für Ordnung. Nachts hält er über/auf/bei dem Schulgelände Wache und passt auf, dass die Schüler zu/vor/in ihren Zimmern bleiben. Dabei muss er sich vor/gegen/auf ihren Streichen unter/über/in Acht nehmen. Zu/An/Zur seinen Aufgaben gehört es, die Eingänge mit/von/ohne Geheimgängen zuzugipsen oder die Post auf/unter/über Eingeschmuggeltes zu überprüfen.

Wissen und können   **Das Pronomen** (Fürwort; Plural: die Pronomen)

Das Pronomen ist ein **Stellvertreter oder Begleiter,** es vertritt oder begleitet Nomen.
Es gibt verschiedene Arten von Pronomen.

- Mit den **Personalpronomen** (persönliche Fürwörter) wie *ich, du, er, sie, es, wir, ihr, sie* kann man **Nomen und Namen ersetzen,** z.B.: *Hermanda liebt Bücher.* **Sie** *liest täglich.*
  Personalpronomen werden wie Nomen dekliniert (gebeugt).
- **Possessivpronomen** (besitzanzeigende Fürwörter) wie *mein/meine – dein/deine – sein/seine, ihr/ihre – unser/unsere – euer/euer – ihr/ihre* geben an, wem etwas gehört, z.B.: **mein** *Buch,* **dein** *Kissen,* **unsere** *Post.*
  Possessivpronomen **begleiten meist Nomen** und stehen dann **im gleichen Kasus** (Fall) wie das dazugehörige Nomen.
- **Demonstrativpronomen** (hinweisende Fürwörter) wie d*er, die, das / dieser, diese, dieses / jener, jene, jenes / solcher, solche, solches / derselbe, dieselbe, dasselbe* **weisen besonders deutlich auf eine Person oder Sache hin,** z.B.: *Von allen Zauberkunststücken gefällt mir* **dieses** *am besten.*
  Sie können als **Begleiter oder als Stellvertreter des Nomens** verwendet werden.

---

6 Weil Raban nicht aufgepasst hat, muss er einen Text über die letzte Zauberstunde schreiben.
Hilf ihm und ersetze in deinem Heft die unterstrichenen Wörter durch Pronomen, damit sein Text abwechslungsreicher und besser klingt.

In der heutigen Stunde sollten die Schüler den Verschwindezauber üben, für den die Schüler genaue Anweisungen erhielten. Dazu sollte sich jeder ein Mäuschen abholen. Auch Horatio holte sich ein für ihn reserviertes Mäuschen, das er wegzaubern sollte. Das Mäuschen ließ sich von Horatio aber nicht wegzaubern. Horatio hatte nämlich Horatios Zauberstab falsch herum gehalten. Professor Drachenfuß war sehr wütend über seinen Fehler, weil Professor Drachenfuß Horatio schon mehrfach auf den Zauberstab-falsch-herum-halten-Fehler hingewiesen hatte. Weil Raban vor Lachen seine Maus losließ und die Maus durchs ganze Klassenzimmer lief, musste Raban den Text, der hier steht, aufschreiben.

---

7 Um welches Pronomen handelt es sich jeweils? Trage die richtige Nummer in die Kästchen ein:
●●● Personalpronomen (1), Possessivpronomen (2) oder Demonstrativpronomen (3)?

Prof. Drachenfuß sucht eine neue Lehrkraft. Zu diesem [3] Zweck hat er [ ] diese [ ] Anzeige aufgegeben:

> Lehrer/-in für das „Internat Drachenfuß" gesucht!
>
> Sie/Er [ ] sollte sich mit gefährlichen Kreaturen auskennen. An unserer [ ] Schule wird von dieser [ ] Lehrkraft erwartet, dass sie/er [ ] mit Flüchen umzugehen weiß. Ferner verlangen wir [ ] Autorität gegenüber unseren [ ] Schülerinnen und Schülern. Diese [ ] brauchen eine feste Hand, eine solche [ ] fehlt ihnen [ ] im Moment. Wenn Sie [ ] solche [ ] Qualifikationen vorweisen können und Ihr [ ] Profil meinen [ ] Erwartungen entspricht, steht Ihnen [ ] ein fürstliches Gehalt zu. Interessierte mögen sich bei mir [ ] melden.

Wissen und können	**Das Adverb** (Umstandswort; Plural: die Adverbien)

- **Adverbien** machen **nähere Angaben zu einem Geschehen.** Sie geben beispielsweise an,
  - **wo** etwas passiert (lokal, Ort), z. B.: *dort, bergab, oben, unten, nebenan,*
  - **wann** etwas geschieht (temporal, Zeit), z. B.: *gestern, heute, morgen, danach, stets,*
  - **wie** etwas stattfindet (modal, Art und Weise), z. B.: *gern, sehr, irgendwie, einigermaßen, glücklicherweise,*
  - **weshalb** etwas eintritt (kausal, Grund), z. B.: *deshalb, daher, seinetwegen, anstandshalber.*
  Die Wortart des Adverbs kann man leicht mit dem Adjektiv verwechseln. Das **Adverb** ist aber im Gegensatz zum Adjektiv **nicht veränderbar** (nicht flektierbar).
- Adverbien werden **kleingeschrieben.**

1 Überarbeite den folgenden Text: Entscheide, welche der angegeben Adverbien nicht passen. Streiche sie durch.

Hexenzwiebeln – Kräuterkunde bei Professorin Kraut

Professorin Kraut verteilt gestern/heute/bisher Hexenzwiebeln, die umgepflanzt

werden müssen. Sie ermahnt die Schüler: „Ihr müsst überall/ungefähr/unbedingt

Nasenklammern aufsetzen. Nirgends/Schlimmstenfalls/Dazwischen kann

der Geruch einer Hexenzwiebel einem den Atem rauben!" Hermanda packt ihre

5 Zwiebeln oben/nacheinander/stets am Bund und setzt sie damals/davor/danach

in einen neuen Topf. Professorin Kraut freut sich keinesfalls/sehr/genug über

Hermandas Talent. Horatio ärgert sich über die Lehrerin: Sie hat ihm wenigstens/stets/kurzerhand

eine besonders übel riechende Zwiebel zugeteilt. Das musste ja so kommen!

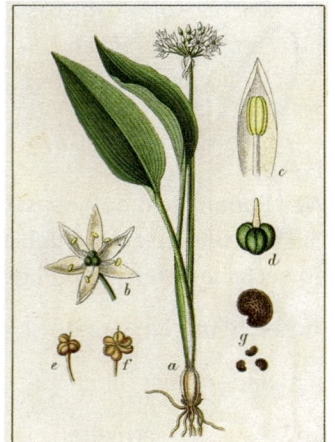

2 Am Schwarzen Brett der Zauberschule wurden die folgenden vier Anzeigen aufgehängt. Unterstreiche in den Anzeigen A bis D jedes Wort, das zur Wortart Adverb gehört.

A **Achtung:**

Gebe umsonst qualifizierte Nachhilfe in Zauber-
kunde. Melde dich jetzt bei Hermanda Magier,
Zauberklasse 6 a, und du wirst bereits in diesem
Schuljahr Fortschritte in Zauberkunde machen!

C **Hilfe!**

Habe gestern beim Wandertag leider irgendwo meinen Besen liegen lassen. Habe darum
überall gesucht. Der ehrliche Finder erhält
sofort 10 Schokofrösche, Horatio Crux

B **Wer hat meinen Drachen gesehen?**

Ich vermisse ihn sehr, kann deshalb kaum schlafen!
Du findest mich tagsüber in meiner Hütte.
Komm mit dem Drachen dahin! Saurus Rex

D Wer von den Neuen hat vielleicht Interesse an
unserer Experimentiergruppe? Morgen basteln
wir Scherzartikel. Wir nehmen gern neue Mit-
glieder auf. Melde dich deshalb bei Raban Irrlich.

3 Lege im Heft eine Tabelle nach folgendem Muster an und trage die Adverbien von Aufgabe 2 dort ein.

Zeit	Ort	Art und Weise	Grund
…	…	…	…

Die Tempora (Zeitformen) der Verben

Das Präsens und das Futur

Wissen und können   **Das Präsens und das Futur I**

- Das **Präsens** wird verwendet,
  - wenn etwas in der **Gegenwart** geschieht, z. B.: *Die Kinder spielen (heute) im Haus.*
  - wenn eine Aussage **immer gilt**, z. B.: *Faune sind Fabelwesen.*
  - um etwas **Zukünftiges** auszudrücken. Meist verwendet man dabei eine Zeitangabe, die auf die Zukunft verweist, z. B.: *Morgen **geht** es in das Fabelland Narnia.*
- Die Zeitform **Futur I** wird verwendet, um ein **zukünftiges Geschehen** auszudrücken. Es wird gebildet mit der **Personalform des Verbs von *werden*** im Präsens und dem **Infinitiv des Verbs,** z. B.: *Die Kinder **werden** bald ein Abenteuer **erleben.***

---

1 Trage die passende Nummer in die Kästchen ein:

Der Satz steht im Präsens und drückt etwas allgemein Gültiges oder gerade Geschehendes aus ☐*1*,

der Satz steht im Präsens und macht eine Aussage über die Zukunft ☐*2*,

der Satz steht im Futur ☐*3*.

Heute spielen Lucy, Susan, Edmund und Peter Verstecken ☐*1*. „Ich werde in den Wandschrank kriechen ☐",

überlegt Lucy ☐, „da können die anderen mich morgen noch suchen ☐!" Doch was ist das ☐?

Der Schrank hat gar keine Rückwand ☐, plötzlich steht Lucy auf einer verschneiten Lichtung ☐.

Gerade noch denkt sie: „Hoffentlich finde ich bald wieder nach Hause ☐", als sie ein seltsames

₅ Wesen entdeckt ☐: Von der Mitte aufwärts hat es die Gestalt eines Mannes, aber

es läuft auf zwei Ziegenbeinen und aus dem lockigen Haar ragen zwei Hörner her-

vor ☐! Es ist ein Faun ☐! „Das wird mir niemand glauben ☐", denkt Lucy

noch, als der Faun erschrocken alles fallen lässt ☐.

2 Bestimme für jeden Satz A bis G die Personalform des Verbs a bis g:
Verbinde jeden Satz links mit der richtigen Bezeichnung in der rechten Spalte.

In C. S. Lewis' „Chroniken von Narnia" stellt sich der Faun Lucy als Herr Tumnus vor und meint:

A Wir gehen jetzt gemeinsam zu meiner Wohnung.	a 2. Person Singular Präsens
B Ich mache ein wunderbares Feuer im Kamin an.	b 1. Person Singular Futur
C Du wärmst dich davor schnell wieder auf.	c 3. Person Plural Futur
D Meine Küchlein werden dir sicher schmecken.	d 1. Person Singular Präsens
E Anschließend werde ich dir von unserem Land Narnia erzählen.	e 3. Person Plural Präsens
F Du wirst staunen.	f 1. Person Plural Präsens
G Aber es kommen auch traurige Dinge zur Sprache.	g 2. Person Singular Futur

Das Perfekt

- Wenn man **mündlich** von etwas **Vergangenem** berichtet, wird häufig das **Perfekt** verwendet, z. B.: *Lucy hat mit Herrn Tumnus Tee getrunken.*
- Das Perfekt ist eine *zusammengesetzte Zeitform*, weil es mit einer Form von *haben* oder *sein* im Präsens (z. B. *hast, sind*) und dem *Partizip II* des Verbs (z. B. *getrunken, gelaufen*) gebildet wird.

1 **Lucy berichtet ihren Geschwistern von ihrem Abenteuer.**
Schreibe anhand der Bilder oben in deinem Heft auf, wie sie im Perfekt von ihrem Erlebnis erzählt.
Beginne z. B. so:
„Ich habe mich im Schrank versteckt. Hinten im Schrank …"
Du kannst die folgenden Formulierungen verwenden:

> hinten im Schrank • auf eine verschneite Lichtung gelangen • seltsames Wesen entdecken •
> sich um einen Faun handeln, halb Mensch, halb Ziege • Faun: Lucy einladen, •
> gemeinsam zur Wohnung gehen • Faun: Feuer machen, Tee kochen, leckeres Essen zubereiten •
> Faun: spannende Geschichten erzählen • Lucy: zur Lichtung zurückkehren, •
> in den Schrank klettern und wieder zu Hause ankommen

2 **Formuliere Lucys Antworten auf die Aufforderungen ihrer Geschwister im Perfekt.**

Das Präteritum

Wissen und können   **Das Präteritum**

- Das **Präteritum** ist eine **Zeitform der Vergangenheit,** z. B.: *Er versteckte sich.*
  Man verwendet sie in der Regel, wenn man etwas **schriftlich erzählt oder berichtet.**
  - Bei den **regelmäßigen** (schwachen) **Verben** ändert sich im Präteritum der Vokal im Verbstamm nicht,
    z. B.: *ich lache* (Präsens) → *ich lachte* (Präteritum).
  - Bei den **unregelmäßigen** (starken) **Verben ändert** sich im Präteritum der **Vokal** im Verbstamm,
    z. B.: *ich singe* (Präsens) → *ich sang* (Präteritum).

1 Trage zu jeder Personalform des Verbs A bis J den Infinitiv des Verbs ein.

Präteritum	Infinitiv		Präteritum	Infinitiv
A ich schlief	_____	F sie_____		vergessen
B er lief	_____	G sie _____		suchen
C ihr schriebt	_____	H wir _____		entdecken
D du kamst	_____	I er _____		fallen
E wir sangen	_____	J sie _____		gehen

2 a Starkes oder schwaches Verb? Umrande alle Felder farbig, die ein schwaches Verb enthalten.
  b Trage die Infinitive in die folgende Liste ein und ergänze jeweils
    eine Form der 3. Person Singular im Präteritum.
  c Unterstreiche in der Präteritumform den veränderten Vokal.

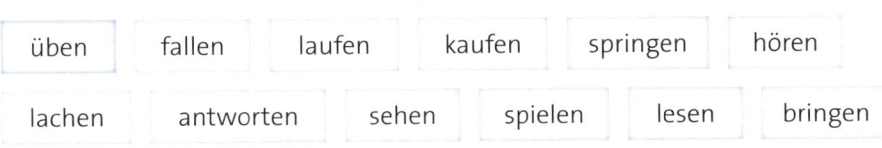

üben	fallen	laufen	kaufen	springen	hören
lachen	antworten	sehen	spielen	lesen	bringen

Starke Verben: *fallen – es fiel,* _____

Schwache Verben: *üben – er übte,* _____

3 Übertrage den folgenden Text in dein Heft, indem du von den markierten Verben
die passende Personalform des Verbs im Präteritum bildest.

Nach einigen Tagen spielen die Kinder wieder Verstecken. Edmund kriechen in den Schrank.

Doch was sein das? Plötzlich landen etwas Feuchtes auf seinem Kopf. Es schneite.

Er befinden sich mitten in einem Wald. Auf einmal hörte er Glöckchengeläut und kurz darauf

 entdecken er einen Schlitten mit Rentieren. Auf dem Schlitten sitzen eine riesige weiße Frau

mit einer Krone auf dem Kopf, die Edmund streng mustern .

Das Plusquamperfekt

Wissen und können	Das Plusquamperfekt – Das Partizip II

- Wenn etwas vor dem passiert, wovon im Präteritum oder im Perfekt erzählt wird,
  verwendet man das **Plusquamperfekt,** z. B.:
  *Nachdem Lucy aus Narnia **zurückgekehrt war,** erzählte sie ihren Geschwistern von ihrem Abenteuer.*
- Das Plusquamperfekt ist eine **zusammengesetzte Zeitform.** Es wird gebildet mit einer Form von **haben**
  und **sein** im Präteritum (z. B. *hatte, war*) und dem **Partizip II des Verbs** (*gelesen, getrunken, verstanden*).
- **Bildung des Partizip II:**
  - Bei **schwachen Verben** (▶ S. 35) wird der **Wortstamm** von *ge-* und dem Suffix *-t* umgeben, z. B.:
    *lieben → **ge**liebt, bauen → **ge**baut, siegen → **ge**siegt.*
  - Bei **starken Verben** (▶ S. 35) wird der Wortstamm von *ge-* und dem Suffix *-en* umgeben, z. B.:
    *reiten → **ge**ritten, biegen → **ge**bogen, nehmen → **ge**nommen.*
  - Verben, die bereits die unbetonte Vorsilbe *ge-* oder auch *be-, er-, ent-, ge-, ver-* und *zer-* enthalten,
    werden **ohne** die Vorsilbe zum Partizip II *ge-* gebildet, z. B.: *erzählen → erzählt, gestehen → gestanden.*

1 Notiere zu jedem Infinitiv das Partizip II.
Die umrandeten Buchstaben ergeben das Lösungswort: _____

A schwimmen

B schreiben

C helfen

D antworten

E befehlen

F verlieren

2 a Kreuze jeweils den Teil in den folgenden Satzgefügen an, der im Plusquamperfekt steht.
 b Bilde im Heft einen eigenen Satz im Plusquamperfekt.
  Nutze die letzten beiden Hauptsätze, indem du sie verknüpfst.

☐ Nachdem Lucy durch einen Schrank in das sagenhafte Land Narnia gelangt war, ☐ traf sie dort einen Faun.

☐ Nachdem Lucy nach Hause zurückgekehrt war, ☐ erfuhr die Weiße Hexe Jadis von ihrem Besuch in Narnia.

☐ Sie schickte den Chef der Geheimpolizei zum Faun, ☐ da der Faun den Besuch nicht gemeldet hatte.

Der Faun gehorchte der Weißen Hexe nicht. Sie verwandelte ihn zur Strafe in einen Stein.

3 Formuliere im Heft, was dem Ereignis in den Sätzen A bis C jeweils vorausgegangen ist.
●●● Verwende für das Plusquamperfekt die Stichwörter in Klammern, z. B.:

Schließlich gelangten die Geschwister gemeinsam nach Narnia, nachdem … *(alle in den Schrank kriechen)*
Schließlich gelangten die Geschwister gemeinsam nach Narnia, nachdem sie alle in den Schrank gekrochen waren.

A Dort trafen sie einen sprechenden Biber, nachdem … *(einem Rotkehlchen folgen)*

B Die Frau des Bibers servierte ihnen ein köstliches Dessert, nachdem alle … *(frische Forellen verspeisen)*

C Der Biber begann zu erzählen, nachdem … *(Kinder setzen sich)*

Verben im Aktiv und Passiv

Wissen und können   **Aktiv und Passiv unterscheiden**

Aktiv und **Passiv** sind **zwei Verbformen,** mit denen man **Handlungen und Vorgänge unterschiedlich** darstellen kann. Sie drücken eine unterschiedliche Sicht auf ein Geschehen aus:

- Das **Aktiv betont denjenigen** (Handlungsträger), **der** etwas tut oder **handelt,** z. B.: *Der Ritter sieht den Drachen.*
- Das **Passiv betont, mit wem oder was etwas geschieht** (= Vorgangspassiv), z. B.: *Der Drache wird gesehen.*
  - Im Passivsatz kann der Handelnde ergänzt werden, z. B. *Der Drache wird **vom Ritter** gesehen.*
  - Das Passiv wird meist mit einer Form von **werden** und dem **Partizip Perfekt** (▶ S. 36) des Verbs gebildet, z. B.: *wird gesehen, wird verkündet.*
- Sätze, in denen der Handlungsträger als Subjekt des Satzes erscheint, stehen in der Verbform Aktiv. Bei der **Umwandlung** eines Aktivsatzes **in einen Passivsatz** wird das **Akkusativobjekt des Aktivsatzes** zum **Subjekt des Passivsatzes,** z. B.:
  Aktiv: *Lea führt einen Zaubertrick vor.* → Passiv: *Der Zaubertrick wird (von Lea) vorgeführt.*
      Akkusativobjekt (Wen oder was?)   *Subjekt (Wer oder was?)*

1 Kreuze an, ob die folgenden Sätze A bis D im Aktiv oder im Passiv stehen.

Der Further Drachenstich	Aktiv	Passiv
A Der Further Drachenstich wird seit über 500 Jahren aufgeführt.	☐	☐
B Er ist das älteste Volksschauspiel Deutschlands.	☐	☐
C Erzählt wird von einem furchtbaren Krieg im Jahr 1431.	☐	☐
D Dabei kämpfen die Bürger Furths gegen böhmische Truppen.	☐	☐

2 **a** Wandle wie im Beispiel A die Aktivsätze B bis D in Passivsätze um.
   b Unterstreiche die Akkusativobjekte der Aktiv- und die Subjekte der Passivsätze, z. B.:

A Während der Schlacht begehen die Soldaten <u>viele grausame Taten</u>.

<u>Während der Schlacht werden von den Soldaten viele grausame Taten</u> begangen.

B Diese Schandtaten wecken einen Drachen aus seinem Schlaf.

_____

C Bald bedroht der Drache die Stadt Furth.

_____

D Nur der Ritter Udo kann den Drachen überwinden.

_____

3 Unterstreiche in folgenden Passivsätzen den oder die Handelnden. Begründe im Heft, ob er oder sie sinnvollerweise genannt werden sollte oder ob man ihn oder sie weglassen kann.

E Udo wird aber von den böhmischen Gegnern lange aufgehalten.
Die Handelnden sollten genannt werden, damit man weiß, wer den Untergang der Further möchte.
F In höchster Not wird der Drache schließlich von Udo besiegt.
G Am Ende wird von den Further Bürgern ein großes Fest gefeiert.

Wissen und können	Die Zeitformen des Passivs

Das Passiv kann in **allen Zeitformen** gebildet werden:

Präsens: *Der Drache wird besiegt.*
Präteritum: *Der Drache wurde besiegt.*
Perfekt: *Der Drache ist besiegt worden.*
Plusquamperfekt: *Der Drache war besiegt worden.*
Futur I: *Der Drache wird besiegt werden.*

1 **Bestimme für die folgenden Passivsätze die jeweilige Zeitform. Schreibe in die Klammern.**

Nicht nur in Furth werden Mittelalterfestspiele abgehalten (_____). In Landshut wird

zum Beispiel die sogenannte Landshuter Hochzeit begangen (_____). Nachdem um

1900 beschlossen worden war (_____), die Hochzeit Herzog Georgs mit Prinzessin

Hedwig von Polen aus dem Jahr 1475 nachzuspielen, wurde das Festspiel 1903 zum ersten Mal aufgeführt

(_____). Seither wird alle vier Jahre in der Stadt ein großer Festumzug veranstaltet

(_____), der von tausenden Zuschauern besucht wird (_____).

Sicher wird das Fest auch in 100 Jahren noch gefeiert werden (_____).

Wissen und können	Das Vorgangs- und Zustandspassiv unterscheiden

Während das **Vorgangspassiv den Ablauf** eines Vorgangs beschreibt,
drückt das **Zustandspassiv das Ergebnis** eines Vorgangs aus.

- Das **Zustandspassiv** *(sein-Passiv)* wird durch eine **Personalform von *sein*** und durch das **Partizip II des Verbs** (▶S.36) gebildet, z.B.: *Der Drache **ist besiegt.***
- Das **Vorgangspassiv** *(werden-Passiv)* wird durch eine **Personalform von *werden*** und durch das **Partizip II des Verbs** (▶S.36) gebildet, z.B.: *Der Drache **wird besiegt.***

2 **Wandle die folgenden Aktivsätze B bis D in Passivsätze um.**
Verwende das Zustandspassiv und lass im Passivsatz den oder die Handlungsträger weg, z.B:

A Du kannst den Further Drachen sogar im Guinness-Buch der Weltrekorde finden.

Der Further Drache ist sogar im Guinness-Buch der Weltrekorde zu finden.

B Die Autoren führen ihn dort als größten Schreitroboter der Welt auf.

_____

_____

C In seinem Innern verbirgt er modernste Technik.

_____

D Sein Aussehen beeindruckt die Zuschauer.

_____

Wissen und können — Die Ersatzformen des Passivs

- Um Texte wie Bastel-, Spielanleitungen oder Kochrezepte **abwechslungsreicher** zu gestalten, kann man **Passiv-Ersatzformen** nutzen. So wird der **Schwerpunkt der Aussage auf die Handlung** gelegt, da insbesondere bei Vorgangsbeschreibungen nicht stets wiederholt werden muss, wer handelt.
- **Ersatzformen für das Passiv** sind:
  - **man-Form** z. B.:   ***Man** bewegt die Würfelbecher immer schneller.*
  - **Sie-/Du-Form**, z. B.:   ***Du** bewegst nun den Würfelbecher immer schneller.*
  - **Imperativform**, z. B.:   ***Bewege** die Würfelbecher immer schneller.*
  - *sich lassen* **+ Infinitiv**, z. B.:   *Auch Tassen **lassen** sich als Würfelbecher **verwenden**.*
  - **Verbform von** *sein* **+ Infinitiv mit** *zu,* z. B.: *Die Becher **sind** immer schneller **zu bewegen**.*
  - **Verbform von** *sein* **+ Adjektiv** mit der **Endung** *-bar, -lich, -fähig,* z. B.:   *Auch eine kleine Figur **ist verwendbar**.*

1 Julian ist bei einem Mittelalterspektakel auf einen alten Trick hereingefallen, das Hütchenspiel. Für seine Klasse hat er eine Spielanleitung verfasst. Wandle die einleitenden Sätze ins Vorgangspassiv um.

Du benötigst für das Hütchenspiel drei Würfelbecher, eine kleine Kugel und eine glatte Unterlage. Die drei Becher stellst du umgedreht auf die Unterlage. Die kleine Kugel legst du unter einen der Becher.

Hieronymus Bosch (um 1450–1516): Der Zauberer (o. J.)

---

2 Die folgende Spielanleitung ist sprachlich nicht sehr gut gelungen.
a Unterstreiche alle Passivsätze.
b Bezeichne mit einem Pfeil, wo die Sätze gedanklich enger miteinander verknüpft werden sollten, z. B.:

⟶

Die Becher werden beim ersten Durchgang langsam verschoben. Der Mitspieler kann dem Becher

mit der Kugel leicht folgen. Vom Mitspieler wird geraten, wo die Kugel ist. Die Aufgabe wird leicht gelöst.

Der Mitspieler hat gewonnen. Er glaubt, das Spiel zu beherrschen. Die Kugel wird erneut versteckt.

Die Becher werden vom Spielleiter zuerst langsam und plötzlich immer schneller verschoben. Vom Mitspieler

wird wieder getippt, wo sich die Kugel befindet. Wenn von dir die Becher schnell genug bewegt worden

sind, kann er nur noch raten. Er wird wahrscheinlich verlieren.

c Überarbeite den Text in deinem Heft. Verwende Ersatzformen für das Passiv und verknüpfe die Sätze dort, wo es sinnvoll ist, sprachlich und gedanklich miteinander, z. B.:
Verschiebe beim ersten Durchgang die Becher langsam, sodass der Mitspieler dem Becher mit der Kugel folgen kann.

Mit Ober- und Unterbegriffen ordnen

Wissen und können   **Ober- und Unterbegriffe unterscheiden**

Mit Ober- und Unterbegriffen kann man verdeutlichen, wie Begriffe einem Thema oder einem Gegenstand zuzuordnen sind.

- Ein **Oberbegriff fasst** mehrere Gegenstände, Eigenschaften und Begriffe **zusammen,** die **gemeinsame Merkmale** haben, z. B.: *Leichtflugzeuge.*
- **Unterbegriffe** sind einem **Oberbegriff untergeordnet.** Mit ihnen benennt man bestimmte Eigenschaften und Unterschiede, z. B.:

Oberbegriff: *Leichtflugzeuge*

Unterbegriffe: *Motordrachen   Hängegleiter   Segelflugzeuge*

---

1   Ergänze die Oberbegriffe „Fortbewegungsmittel" und „Antriebsarten" mit je drei Unterbegriffen.

Fortbewegungsmittel: *Flugzeug,* _____   Antriebsarten: _____

_____   _____

---

2   Streiche die Unterbegriffe, die nicht in die Begriffsreihen passen. Finde je Reihe den treffenden Oberbegriff.

A Eisen, Holz, Stahl, Blech: _____   B schlau, klug, lustig, dumm: _____

C viel, wenig, gut, genug: _____   D Rot, Blau, Hell, Gelb: _____

---

3   Mit den folgenden Oberbegriffen lässt sich der abgebildete Hängegleiter beschreiben. Ergänze sie um so viele Unterbegriffe, wie Linien vorgegeben sind.

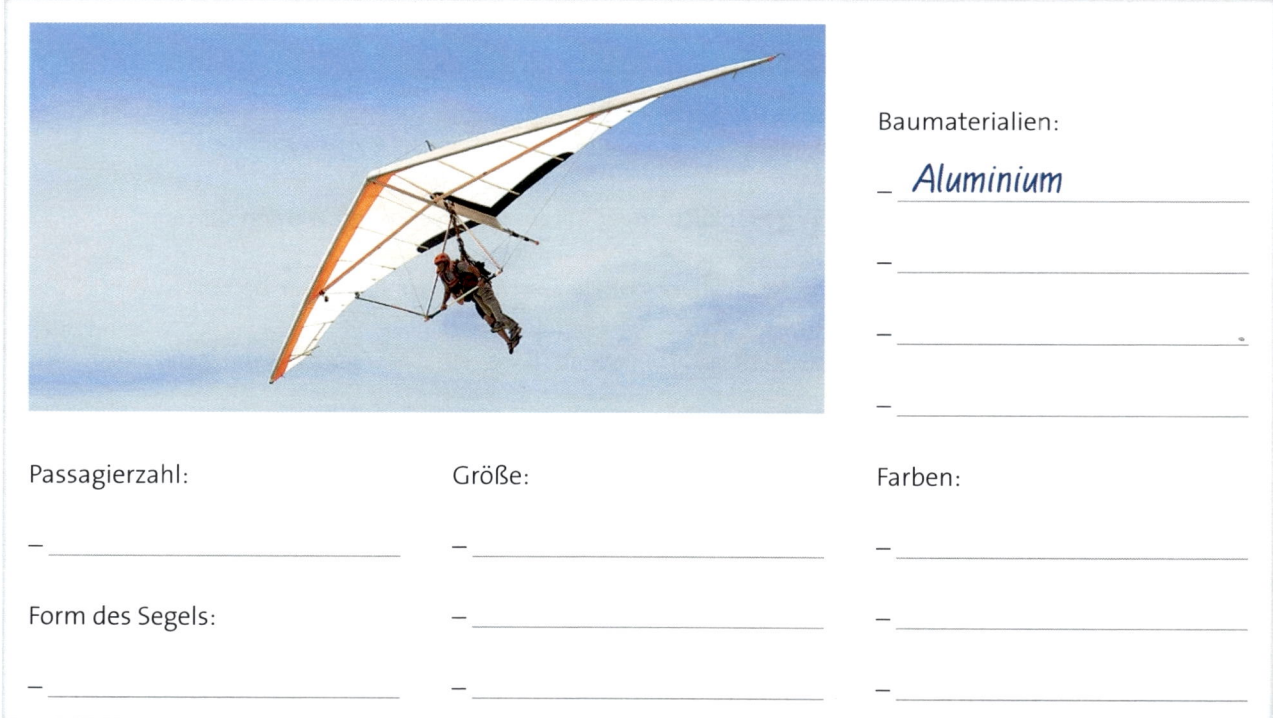

Baumaterialien:

_ *Aluminium* _____

– _____

– _____

– _____

Passagierzahl: Größe: Farben:

– _____   – _____   – _____

Form des Segels:

– _____   – _____   – _____

---

4   Verfasse in deinem Heft eine kurze, zusammenhängende Beschreibung des Hängegleiters.

●●●

Teste dich!

Wortarten, Aktiv und Passiv, Ober- und Unterbegriffe

1 Bestimme in dem nachstehenden Satz alle Wortarten. Trage über die Wortart
die jeweils angegebene Ziffer in die Kästchen richtig ein. (10 Punkte)

Nomen: 1   Verb: 3   Adverb: 5   Demonstrativpronomen: 7
Adjektiv: 2 Präposition: 4 Personalpronomen: 6 Possessivpronomen: 8

☐ ☐ ☐ ☐ ☐ ☐ ☐ ☐ ☐ ☐

Diese   tiefe   Schlucht   überflog   ich   gestern   auf   meinem   wunderbaren   Zauberteppich.

2 Bilde zu den beiden Verben in der 3. Person Singular die korrekten Tempusformen. (8 Punkte)

	Plusquamperfekt	Präteritum	Perfekt	Futur
A jagen:	er ___	___	___	___
B fliehen:	er ___	___	___	___

3 Wandle die folgenden Aktivsätze in Passivsätze um. Behalte die jeweilige Zeitform bei. (2 Punkte)

A Merlin braut den Zaubertrank. ___

B Er wird den Trank später probieren. ___

4 Bestimme, in welcher Passivart die Sätze A bis D jeweils stehen.
Notiere _Z_ für das Zustands- und _V_ für das Vorgangspassiv. (4 Punkte)

A Der Zauber ist gebrochen. ☐   B Der Hexenbesen ist gefunden. ☐

C Der Fluch wird überwunden. ☐   D Die Zauberschüler werden geprüft. ☐

5 Bestimme diese Wortfamilie nach Wortarten:
Trage ein _N_ für Nomen, ein _A_ für Adjektive und ein _V_ für Verben ein. (6 Punkte)

☐ bilden   ☐ Spiegelbild   ☐ bildlich   ☐ Bildung   ☐ bildhaft   ☐ abbilden

6 Streiche die Unterbegriffe, die nicht in die Reihen passen, und finde treffende Oberbegriffe. (4 Punkte)

Drache, Einhorn, Phönix, Pferd: ___   laut, melodisch, leise, gedämpft: ___

7 Zähle die Punkte, die du erreicht hast, mit Hilfe des Lösungsheftes zusammen (▶ S. 16).

☺ 34–30 Punkte	☺ 29–21 Punkte	☹ 20–0 Punkte
Gut gemacht!	Gar nicht schlecht! Wo hattest du Schwierigkeiten? Wiederhole die passenden Übungen auf den Seiten 29–40.	Du solltest noch einmal üben! Arbeite die Seiten 29–40 erneut durch.

Dialekte – Sprache in der Region

Wissen und können	Merkmale und Besonderheiten der Dialekte

- Als **Dialekt** (Mundart) bezeichnet man eine **Ausdrucksform,** die an eine **bestimmte geografische Region gebunden** ist.
- Dialekte weisen oft eine **andere Aussprache** und **Schreibung** auf als die Standardsprache, das sogenannte Hochdeutsche.
- Häufig gibt es in den Dialekten für eine Sache auch **unterschiedliche Begriffe,** z. B. für *Schluckauf:* bairisch *Schnaggl,* fränkisch *Hätscher.*
- In Bayern werden vor allem folgende Dialekte gesprochen: **Fränkisch, Bairisch** und **Schwäbisch.**
- Dialektsprecher empfinden ihre Mundart oft als **ausdrucksstärker** und **stimmungsvoller.** Manche bekunden mit dem Dialekt auch ihr **Selbstbewusstsein** und ihre **Heimatverbundenheit.**

1
a **Markiere deinen Wohnort in der Karte.**
b **Notiere den in deiner Region vorwiegend gesprochenen Dialekt.**

_____

_____

2
a **Übertrage den mittelbairischen Satz ins Standarddeutsche:**
Fliang werd i nia ned kinna.
b **Beschreibe die erkennbaren Unterschiede.**

Übertragung: _____

Unterschiede: _____

_____

_____

3
a **Wie viele junge bayerische Sängerinnen und Sänger trägt auch Claudia Koreck ihre Lieder auf Bairisch vor. Übertrage den folgenden Refrain ihres Liedes „fliang" ins Standarddeutsche.**

Und I fliag auf und davo,   _____

weil mi gor nix hoidn ko,   _____

Und de Hitz auf meim Ruckn   _____

und da Wind wahd und I spia,   _____

I kon fliang.   _____

b **Vergleiche die Wirkung, die von beiden Versionen ausgeht. Begründe im Heft, welche Fassung dir besser gefällt.**

4
●●●
a **Rufe im Internet den „sprechenden Sprachatlas" der bayerischen Staatsbibliothek auf:**
sprachatlas.bayerische-landesbibliothek-online.de.
b **Finde und notiere die unterschiedlichen Dialektvarianten der Begriffe** *Mädchen, Dienstag* und *Zuckerbonbon.*

Satzglieder unterscheiden – Detektivisches

Mit der Umstellprobe Satzglieder erkennen

Wissen und können   Satzglieder erkennen – Die Umstellprobe

- Ein Satz setzt sich aus verschiedenen Satzgliedern zusammen, die aus einem Wort oder aus mehreren Wörtern (einer Wortgruppe) bestehen können. Mit der **Umstellprobe** kannst du feststellen,
    - welches Wort oder **welche Wörter** gemeinsam **ein Satzglied** bilden,
    - **wie viele Satzglieder** ein Satz hat.
- Zudem kannst du mit Hilfe der Umstellprobe die **Satzglieder im Satz umstellen.**
  Du musst dann allerdings sicherstellen, dass sich der **Sinn nicht verändert.**
- Die Wörter, die bei der Umstellprobe zusammenbleiben, gehören zu einem Satzglied.
  Tipp: Bilde beim Umstellen keine Fragesätze.

  <u>Gute Detektive</u>   <u>beherrschen</u>   <u>die Technik des Beschattens</u>   <u>Tag und Nacht.</u>
  <u>Die Technik des Beschattens</u>   <u>beherrschen</u>   <u>gute Detektive</u>   <u>Tag und Nacht.</u>

1 **Führe für die folgenden Sätze die Umstellprobe durch.**
a **Umkreise jedes Satzglied.**
b **Finde mehrere Möglichkeiten, den Satz umzustellen, ohne dass er seinen Sinn verändert.**

A Ein Detektiv beobachtet eine verdächtige Person unauffällig.

B In den meisten Fällen übersieht der Verdächtige die Beschattung.

2 **Finde mit Hilfe der Umstellprobe die Satzglieder heraus.**
Trenne sie mit senkrechten Strichen │ voneinander ab.

A **Die durchsichtige Zeitung**

Eine Zeitung hilft jedem Detektiv.

Er schneidet kleine Löcher in die Zeitung.

Durch die Löcher sieht er die Umgebung.

Die Anwesenden bemerken nichts Auffälliges.

B **Der Spiegel-Trick**

Kluge Detektive sind vorsichtig.

Jede schlaue Spürnase besitzt einen Taschenspiegel.

Dem Verdächtigen zeigt der Detektiv den Rücken.

Der Spiegel offenbart dem Ermittler Verdächtige.

Das Prädikat und das Prädikativ

Das Prädikat (Plural: die Prädikate)

- Das **Prädikat** stellt zusammen mit dem Subjekt den **Kern des Satzes** dar.
  Prädikate werden durch **Verben** gebildet.
- In einem **Aussagesatz** steht die Personalform des Verbes (der gebeugte/finite Teil) immer **an zweiter Satzgliedstelle**, z.B.: *Gauner und Ganoven verwenden geheime Zeichen und Sprachen.*
- Ein Prädikat kann aus mehreren Teilen bestehen. Eine **Prädikatsklammer** wird gebildet bei
  - mehrteiligen Prädikaten, z.B. anschauen: *Viele Menschen schauen diese Geheimzeichen ratlos an.*
  - zusammengesetzten Zeitformen, z.B. im Perfekt: *Kein Außenstehender hat sie bisher entschlüsselt.*

1 a **Unterstreiche in jedem der folgenden Sätze A bis G die Prädikatsklammer.**
b **Umkreise in den Sätzen jeweils die Personalform des Verbs.**
c **Notiere hinter den Sätzen den Infinitiv der Verben, aus denen das jeweilige Prädikat gebildet ist, z.B.:**

Du hast sicher noch nie Gaunerzinken gesehen.   *haben, sehen*

A Mit dieser geheimen Bilderschrift tauschten Ganoven Nachrichten aus.   _____

B Man konnte sie an Hauswänden, Zäunen oder Türen entdecken.   _____

C Durch die Zinken gaben sie Tipps und Warnungen weiter.   _____

D Mit einer gezackten Linie haben sie ihre Kollegen vor einem bissigen Hund gewarnt.   _____

E Drei kleine Kreise zeigten großzügige Geldgeber als Bewohner an.   _____

F Bei einem Kreuzchen mussten die Bettler weiterziehen.   _____

G Die Kollegen waren an diesen Haustüren ohne Erfolg geblieben.   _____

Das Prädikativ (das Prädikatsnomen)

- Das **Prädikativ** ergänzt das Prädikat und bezieht sich zugleich auf das Subjekt des Satzes,
  z.B.: *Gaunerzinken sind eine fast vergessene Zeichensprache.*
- Das Prädikativ tritt meist auf
  - **als Adjektiv**, z.B.: *Diese Sprache ist geheim.*
  - **als Nomen im Nominativ** (auch **Prädikatsnomen** genannt),
    z.B.: *Gaunerzinken sind Geheimzeichen.*
- Verben, die häufig ein Prädikativ verlangen, sind z.B. *sein, bleiben, werden, heißen.*

Bissiger Hund!

Hier gibt es Essen

Übernachtung möglich

2 a **Umkreise in den folgenden Sätzen A bis D alle Prädikate.**
b **Unterstreiche die Prädikative und zeige mit einem Pfeil, auf welches Subjekt sie sich beziehen.**

A Rotwelsch ist eine Mischung aus verschiedenen Sprachen.

B Durch diese Ganovensprache bleiben Gespräche unverständlich.

C „Polizist" heißt „Quetsch".

D Mit viel „Kies" oder einer Menge „Blech" werden die Gauner reich.

Satzglieder erfragen – Das Subjekt und die Objekte

Wissen und können	Mit der Frageprobe Satzglieder bestimmen

■ Mit der **Frageprobe** ermittelt man weitere Satzglieder:

Frageprobe	Satzglied	Beispiel
■ Wer oder was …?	Subjekt	Mit ‚Scotland Yard' ist **die Londoner Kriminalpolizei** gemeint.
■ Wen oder was …?	Akkusativobjekt	Scotland Yard unterstützt **die Polizeikräfte in** Großbritannien.
■ Wem …?	Dativobjekt	**Den Straftätern** macht Scotland Yard das Leben schwer.
■ Wessen …?	Genitivobjekt	Die Polizei bedient sich **einer Datenbank.**

1 a Unterstreiche in jedem der folgenden Sätze das Prädikat. Achte auch auf Prädikatsklammern (▶ S. 44).
b Bestimme für jeden Satz die anderen Satzglieder mit der Frageprobe.

A Die Polizeibehörde Scotland Yard hat einem Brettspiel den Namen gegeben.

Wer oder was hat einem Brettspiel den Namen gegeben? die Polizeibehörde Scotland Yard = Subjekt. Wem hat …

B Der Spielplan stellt den Londoner Stadtplan dar.

C Die Jagd nach Mister X bedarf einer guten Abstimmung.

D Den Verbrecher Mister X muss ein einzelner Spieler spielen.

E Seine verdeckten Spielzüge verleihen dem Spiel Spannung.

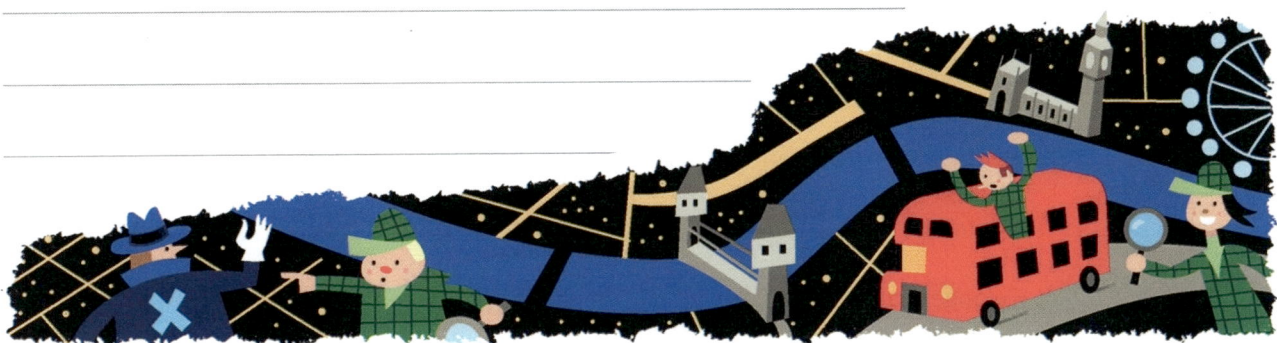

Paula ist heute „Mister X". Sie beginnt das Spiel von einem geheimen Startpunkt aus. Auch ihre Spielzüge sind geheim, sie zeigt ihren Mitspielern nur ein Ticket: Sie fährt jetzt mit der U-Bahn, nicht mit Bus oder Taxi. Aber wohin? Tabea, Jona und Timo jagen Mister X. Ihre Detektiv-Spielfiguren bewegen sich offen, ebenfalls mit U-Bahn, Bus oder Taxi. Sobald eine Spielfigur die Station besetzt, auf der unsichtbar auch Mister X steht, ist dieser gefangen.

2 Beschreibe mit Hilfe der folgenden Satzbaupläne das Spiel *Scotland Yard*®.

a Ordne den vorgegebenen Satzgliedern über A bis C die Textbausteine aus dem Wortspeicher zu.

b Schreibe die Sätze grammatisch richtig auf und unterteile die Satzglieder mit einem Strich │, z. B.:

dem Spiel *Scotland Yard*® • alle Spieler • die Detektive • bedienen sich • den Titel „Spiel des Jahres 1983" • Mister X • verschiedener Verkehrsmittel • die Spielposition von Mister X • gibt ... bekannt • verlieh • man • das benutzte Verkehrsmittel • den Mitspielern • umzingeln oder besetzen

Subjekt	Prädikat	Genitivobjekt

Alle Spieler │ bedienen sich │ verschiedener Verkehrsmittel.

Subjekt	Prädikat (Teil 1)	Dativobjekt	Akkusativobjekt	Prädikat (Teil 2)

A _____

Subjekt	Prädikat	Akkusativobjekt

B _____

Akkusativobjekt	Prädikat	Subjekt	Dativobjekt

C _____

3 Nur wenige Verben fordern ein Genitivobjekt. In den folgenden Sätzen fehlen diese Verben.

●●● **a** Trage in jede Lücke ein passendes Verb aus dem folgenden Wortspeicher ein.

b Umkreise in jedem Satz das Genitivobjekt.

sich schämen • sich besinnen • sich erfreuen • harren • beschuldigen • bedürfen

Scotland Yard **beschuldigt** Mister X ⟨eines schweren Verbrechens.⟩ Der Flüchtige _____

_____ seiner Tat offenbar nicht. Die Verfolger _____ einer gemeinsamen Taktik.

Die Agenten _____ der weiteren Entwicklung. Nach Ergreifen des Täters _____

_____ die Detektive bester Laune. Vielleicht _____ der Ver-

brecher durch seine Gefangennahme eines Besseren.

Das Präpositionalobjekt

- Das **Präpositionalobjekt** steht **nach Verben**, die **fest mit einer Präposition verbunden** sind, z. B.: *denken **an**, achten **auf**, warten **auf**, informieren **über**, lachen **über**.*
- Die Präposition ist auch in der **Frageprobe** enthalten, z. B.: **An** was … ? **Auf** was … ? **Für** wen … ? **Wo**nach … ? z. B.: *Die Polizisten achten auf die Spuren des Diebs*. Frageprobe: *Wo**auf** / **Auf** was achten die Polizisten?*

4 **a** Beschreibe die folgenden Bildszenen jeweils mit einem Satz. Verwende die nebenstehenden Verben.
b Unterstreiche in deinen Sätzen jeweils das Präpositionalobjekt. Prüfe mit der Frageprobe.
Tipp: Du kannst ein Dativobjekt von einem Präpositionalobjekt dadurch unterscheiden,
dass Präpositionalobjekte immer mit einer Präposition eingeleitet werden.

 sich verlieben in

Ein Mädchen hat sich in den Losverkäufer verliebt. –
In wen hat sich ein Mädchen verliebt?

 fragen nach

A ___

 leiden unter

B ___

 sich kümmern um

C ___

 suchen nach

D ___

 sich fürchten vor

E ___

Mit adverbialen Bestimmungen genaue Angaben machen

Wissen und können	**Adverbiale Bestimmungen** (Sg.: das Adverbiale) **erfragen**

Adverbiale Bestimmungen liefern **zusätzliche Informationen** über den **Ort** (lokal), die **Zeit** (temporal), den **Grund** (kausal) sowie die **Art und Weise** (modal) eines Geschehens oder einer Handlung. Durch die Frageprobe kann man ermitteln, welche adverbiale Bestimmung vorliegt.

Frageprobe	Satzglied	Beispiel
Wann? Wie lange? Seit wann? Wie oft?	adverbiale Bestimmung der **Zeit** (temporal)	*Die Polizei braucht **zwei Tage** zum Lösen des Falles.*
Wo? Wohin? Woher?	adverbiale Bestimmung des **Ortes** (lokal)	*Sie hat **in der Nachbarschaft der Schule** nach Informationen gesucht.*
Warum? Weshalb? Weswegen?	adverbiale Bestimmung des **Grundes** (kausal)	***Aufgrund klugen Kombinierens** gelingt den Polizisten die Lösung des Falles schnell.*
Wie? Auf welche Weise? Womit?	adverbiale Bestimmung der **Art und Weise** (modal)	***Mit Hilfe vieler Zeugenaussagen** ermitteln sie den Täter zweifelsfrei.*

1 Unterstreiche in den folgenden Sätzen A bis I die adverbiale Bestimmung, notiere die Frageprobe und gib die Art der adverbialen Bestimmung an.

Vandalismus im Christian-Morgenstern-Gymnasium

Jemand hat die Wände der neuen Schulmensa mit Graffiti besprüht. Die Polizei befragt Zeugen. Hier erste Erkenntnisse zu diesem Fall:

	Frageprobe	Art der adv. Best.
Das Graffiti muss <u>zwischen 22 Uhr und 6 Uhr</u> angebracht worden sein.	*Wann?*	*Temporaladverbiale*

A Die Täter sind in den Keller eingedrungen.

B Sie haben die Tür brutal und rücksichtslos aufgestemmt.

C Aus Vorsicht haben die Eindringlinge keinen Lichtschalter betätigt.

E Sie haben an der großen freien Wand der Mensa ein Bild hinterlassen.

F Die Sprayer waren die halbe Nacht beschäftigt.

G Mit großer Sorgfalt haben sie alle Spuren beseitigt.

H Die Täter sind zu Fuß geflohen.

I Die leeren Dosen haben sie in einem Mülleimer entsorgt.

2 Stelle Fragen an die Polizei, um weitere Informationen über den Tathergang zu erhalten.

●●●

3 Der folgende Bericht über den Fall von Vandalismus im Christian-Morgenstern-Gymnasium ist zu ungenau.
Überarbeite ihn: Die Fragezeichen hinter jedem Satz zeigen dir, welche Informationen hier fehlen.
Wähle aus dem Wortspeicher passende adverbiale Bestimmungen aus und schreibe den verbesserten Text auf.

> Wegen der Farbreste an seiner Kleidung • in seiner Wohnung im Stadtteil Westend, Remigiusweg 16 a •
> ohne Widerstand • Schon nach wenigen Minuten • Am 26.7.20XX • freimütig

Die Täter waren bald gefunden. Im Polizeibericht liest man über die Festnahme eines der Täter:

Der Täter Jan E. wurde angetroffen. **Wann? wo?**

Es bestand kein Zweifel, dass der junge Mann der Täter war. **Warum?**

Er gestand die Tat. **Wann? wie?** Er ließ sich abführen. **wie?**

_____

_____

_____

_____

_____

Wissen und können	Adverbiale Bestimmungen von Präpositionalobjekten unterscheiden

Präpositionalobjekte und adverbiale Bestimmungen sind manchmal leicht zu verwechseln.
So kannst du sie **unterscheiden:**
- Bei einer **adverbialen Bestimmung** ist die **Präposition austauschbar.** Dabei verändert sich in der Regel
  die Bedeutung der mit der adverbialen Bestimmung ausgedrückten Angabe, z. B.:
  Der Täter wurde in der Schule gefasst. ⟷ *Der Täter wurde nach der Schule gefasst.*
- Bei einem **Präpositionalobjekt** lässt sich die **Präposition** normalerweise **nicht austauschen.**
  Sie gehört fest zum jeweiligen Verb und ist auch **in der jeweiligen Frage enthalten,** z. B.:
  Er hatte sich schon auf eine Strafe eingestellt und fürchtete sich kaum vor der Verhaftung.
  Frageprobe: *Wor**auf** hat er sich eingestellt?*   *Wo**vor** fürchtete er sich kaum?*

4 Gib an, ob es sich im Folgenden bei den unterstrichenen Satzgliedern um ein Präpositionalobjekt *(Präp.-O.)*
oder um eine adverbiale Bestimmung *(A)* handelt.
Benenne die adverbialen Bestimmungen jeweils mit dem lateinischen Fachbegriff, z. B.:

Jan E. sagt bei der Polizei aus:

Den Plan hatten wir in der Woche davor *A temporal* gefasst. Leider hatten wir über die möglichen

Konsequenzen _____ gar nicht nachgedacht. Unsere Schule ist für ihre moderne Architektur

_____ bekannt, und deshalb beschlossen wir aus Übermut _____ ,

die große weiße Wand in der Mensa _____ kunterbunt zu gestalten. Wir freuten uns

enorm über unser Kunstwerk _____ , bis wir von dem Polizeieinsatz _____

erfuhren. Am nächsten Morgen _____ sprach schon die ganze Schule davon.

Das Attribut als Teil eines Satzglieds

> **Wissen und können**   **Mit Attributen** (Beifügungen) **Nomen näher erläutern**
>
> - **Attribute bestimmen** meist ein **Nomen als Bezugswort** näher. Sie sind immer Teil eines Satzglieds (also kein eigenes Satzglied) und bleiben bei der Umstellprobe **fest mit ihrem Bezugswort verbunden**,
>   z. B.: *Die Polizei ermittelt in einem Fall ohne Zeugen.*
>   *In einem Fall ohne Zeugen ermittelt die Polizei.*
>
> - Ein Attribut kann **vor oder nach dem Bezugswort** stehen. Man kann es mit **„Was für …?"** erfragen,
>   z. B.: *ein intelligenter Verbrecher → Was für ein Verbrecher?*   *ein Zeuge der Tat → Was für ein Zeuge?*
>
>   Attribut   Bezugswort   Bezugswort   Attribut
>
> Ein Attribut kann auch **mehrteilig** sein, z. B.: *ein besonders intelligenter Verbrecher.*

1   Stelle aus den folgenden Bezugswörtern und Attributen sinnvolle Wortgruppen zusammen, die in einer spannenden Detektivgeschichte vorkommen könnten.
Schreibe die Wortgruppen ins Heft, z. B: *detektivischer Spürsinn, …*

Bezugswörter
~~Spürsinn~~ • Fragen • Lösung • Informationen • Mord • Detektivgeschichten • Fall • Zeugenaussagen • Nachforschungen • Geschichte • Antworten

Attribute
mit Widersprüchen • des Falles • geheimnisvoll • genau • beinahe unlösbar • ohne Ergebnis • für besonders kluge Köpfe • ~~detektivisch~~ • für Hobbydetektive • rätselhaft • entscheidend

2   **a**   Trenne die Satzglieder in den Sätzen A bis F mit senkrechten Strichen voneinander ab.
       Tipp: Wende im Zweifelsfall die Umstellprobe (▶ S. 43) an.
    b   Unterstreiche in den Satzgliedern die vorhandenen Attribute und zeichne einen Pfeil zum jeweiligen Bezugswort.

A   Ein älteres Ehepaar kommt nach Hause.

B   Plötzlich hören sie im Keller des Hauses merkwürdige Geräusche.

C   Der Mann nimmt zwei Messer und will den Dieb stellen.

D   Ein unüberhörbares, verdächtiges Rumpeln lässt ihn erschauern.

E   Er öffnet die quietschende Kellertür.

F   Da sieht er die Katze der Nachbarn verschreckt in der Ecke sitzen.

Wissen und können   **Formen des Attributs unterscheiden**

Es gibt verschiedene Formen des Attributs. Häufig kommen vor:
- das **Adjektivattribut**, z. B.: *ein **ungewöhnlicher** Täter, ein **kleines** Monster.*
- das **präpositionale Attribut** (mit einer Präposition angeschlossen), z. B.: *ein Täter **mit vier Beinen**.*
- das **Genitivattribut**, z. B.: *ein Teil **der Tierwelt**.*
- die **Apposition** (nachgestelltes Nomen im gleichen Kasus wie das Bezugswort), z. B.:
  *Der Dackel, **der alte Schlawiner**, mopste die Wurst.*
  → Beachte die **Zeichensetzung**: Eine Apposition innerhalb des Satzes steht zwischen **zwei Kommas**.

3 **a** Diese Schlagzeilen enthalten zum Teil mehrere Attribute.
Unterstreiche sie und zeichne für jedes Attribut einen Pfeil zum Bezugswort.
b Trage die Attribute in die nachstehende Tabelle ein.

| Hund des Nachbarn war schlauer Retter | Listiges Hausschwein mit Spürsinn |

| Tierheld des Tages: Filou | Körniger Finderlohn eines Wellensittichs |

| Bello, Retter auf vier Pfoten, besucht Schulkinder | Verrückte Hennen ohne Mut rennen davon |

Adjektivattribut	präpositionales Attribut	Genitivattribut	Apposition
schlauer,		*des Nachbarn,*	

4 Untersuche die Schlagzeilen A und B. Notiere jeweils dahinter, wie viele Attribute du gefunden hast.
●●●

A Lärmende Katze ohne verbrecherische Absichten _____

B Ratten sind gefürchtete Schrecken ängstlicher Hausbesitzer _____

5 Unterstreiche in dem folgenden Text die Appositionen und umkreise jeweils das Bezugswort.
Tipp: Eine Apposition kann auch am Ende eines Satzes stehen, z. B.: *Es war der Dackel, **der alte Schlawiner!***

Paul, mein Nachbar, kennt ungewöhnliche Geschichten. Neulich erzählte er von einem Dackel, einem äußerlich

ganz normalen Tier, das zum Dieb dressiert wurde. Er gehörte einem Jungen, dem Sohn des Hausmeisters der

Schule. Er soll dem Dackel beigebracht haben, durch die Hintertür in fremde Häuser, alles Gebäude mit Garten,

zu schlüpfen. Dort entwendete der vierbeinige Einbrecher zielsicher die Wurst, seine Lieblingsspeise, aus einem

für eine Hundenase leicht aufzuspürenden Raum, nämlich der Speisekammer.

Texte überarbeiten mit Hilfe von Proben

Um einen Text so zu überarbeiten, dass er besser zu lesen und zu verstehen ist, sind die folgenden
vier Proben hilfreich:

1 Ersatzprobe: Wortwiederholungen vermeiden
Mit der Ersatzprobe kannst du Satzglieder, die sich in deinem Text häufig wiederholen, durch andere
Wörter ersetzen, z. B. durch Pronomen: *Der Detektiv kam bald. ~~Der Detektiv~~ **Er** sah sich um.*

2 Umstellprobe: Satzanfänge abwechslungsreich gestalten
Durch die Umstellprobe kannst du deine Texte abwechslungsreicher gestalten.
Stelle die Satzglieder so um, dass die Satzanfänge nicht immer gleich lauten, z. B.:
Der Detektiv griff als Erstes zum Handy. → Als Erstes griff der Detektiv zum Handy.

3 Erweiterungsprobe: Genau und anschaulich schreiben
Mit der Erweiterungsprobe kannst du prüfen, ob eine Aussage genau oder anschaulich genug ist
oder ob du noch etwas ergänzen solltest, z. B.: *Der Detektiv befragte den Autobesitzer. →*
Der <u>aufmerksame</u> Detektiv befragte <u>an der Haustür</u> <u>sofort</u> den <u>sehr gelassen wirkenden</u> Autobesitzer.

4 Weglassprobe: Texte straffen, Wiederholungen vermeiden
Mit der Weglassprobe kannst du prüfen, welche Wörter in einem Text gestrichen werden sollten, weil sie
überflüssig sind, sich wiederholen oder umständlich klingen, z. B.: *Die Untersuchungsergebnisse wurden*
~~irgendwie~~ von allen ~~zusammen~~ ~~gemeinsam~~ und unverzüglich ~~auf der Stelle~~ ausgewertet.

1 Lies die Einleitung des folgenden Kurzkrimis. Notiere, was an diesem Text verändert werden sollte.

Kurzkrimi: Kirschroter Fund

Inspektor Casper schaute den roten Sportwagen der Luxusklasse, der vor der Villa Hortensia stand, in aller Ruhe an. Inspektor Casper stellte an der Lackierung des rechten Kotflügels keine Schäden fest. Ins-
5 pektor Casper prüfte die Lackierung anhand einer Farbtabelle des Herstellers. Inspektor Casper war auf der Suche nach dem Fahrer eines kirschroten Unfallwagens, der vor drei Tagen gegen 20:30 Uhr einen Fahrradfahrer angefahren und Unfallflucht begangen hatte. Inspektor Casper hatte an der Unfallstelle 10 rote Lackspuren und Splitter eines Scheinwerfers entdeckt.

2 **a** Unterstreiche im Text von Aufgabe 1 die Satzanfänge. Wende die Ersatzprobe an:
Notiere über der Zeile Formulierungen, mit denen du die Wiederholungen vermeiden kannst.
b Überarbeite den Text mit der Umstellprobe und schreibe ihn verbessert auf.

3 Wende für die Fortsetzung des Kurzkrimis auf S. 52 die Erweiterungsprobe an.

a Prüfe, wo du die folgenden Angaben einfügen könntest, damit der Text genauer und lebendiger wird.

b Setze wie im Beispiel unten das Korrekturzeichen an die entsprechende Textstelle und schreibe die Ergänzung darüber.

der Besitzer des Sportwagens • allein • in der Nähe von Glasgow • beim Anblick des Dienstausweises • nach England • seit Jahren • von einem Fahrzeug, wie Sie es fahren, • des Radfahrers • wegen des Unfalls • meines Wagens

, der Besitzer des Sportwagens,

Der Ermittler klingelte an der Haustür der Villa, die Jack Cobb gehörte. Cobb öffnete, er wirkte sehr

gelassen. „Waren Sie vor drei Tagen mit Ihrem italienischen Flitzer unterwegs?", fragte Casper.

„Ich war nicht in der Gegend. Was ist passiert?", erwiderte Cobb. „Ein Junge wurde angefahren", erklärte

Casper. „Man fand Lacksplitter. Mit der Speziallackierung Kirschrot wurden nur zwanzig Wagen geliefert.

Wir überprüfen alle diese Fahrzeuge." Cobbs Gesichtsausdruck blieb bei diesen Erklärungen unbewegt.

„Sie haben keine Unfallspuren gefunden. Kotflügel und Scheinwerfer sind in Ordnung. Lassen Sie

mich in Ruhe!" „Haben Sie ein Alibi für den Abend der Tat?", fragte der Inspektor. „Tut mir leid.

Ich habe in meinem Büro gearbeitet. Aber ich habe nichts mit dem Unfall zu tun."

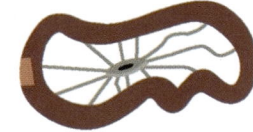

„O doch, das haben Sie!", erwiderte Casper.

4 Wende die Weglassprobe an: Streiche überflüssige Wörter oder Wendungen.

„Mister Cobb, Sie haben sich mehrfach in eine ganze Reihe von mehreren Widersprüchen verstrickt. Mit Sicherheit kann ich gewiss sagen, dass Sie sicherlich ohne jeden Zweifel der Unfallfahrer sind." „Sie können mir nichts anhaben." „Und ob", triumphierte der Inspektor. „Es gibt einen eindeutigen Beweis. Mit diesem Beweis kann ich Sie überführen." Was war Inspektor Casper bei der Befragung aufgefallen?

5 Erkläre, wodurch Mister Cobb sich verraten hat. Schreibe die Lösung des Falles auf.

●●●

Teste dich!

Satzglieder und Attribute

1 Trenne in den folgenden Sätzen die Satzglieder durch einen Strich | ab und schreibe die Bezeichnung der Satzglieder jeweils unter den Satz. (14 Punkte)

A Der raffinierte Dieb übergab seine Beute unauffällig im Bahnhof.

_____

B Wegen einer Zugverspätung misslang ihm die Flucht.

_____

C Lotte erkannte ihn sofort an seinen dreckigen Schuhen.

_____

2 Notiere neben jedem Satz, welche Art von Attribut er enthält. (4 Punkte)

A Der aufmerksame Polizist rannte los.   _____

B Heute war er der Streifenpolizist vom Dienst.   _____

C Ein Polizist des Nachbarortes gesellte sich zu ihm.   _____

D Der Polizist, ein noch ganz junger Mann, war erfreut.   _____

3 Kreuze für jede der folgenden Aussagen an, ob sie richtig oder falsch ist. (4 Punkte)

	richtig	falsch
A Jeder Satz kann um eine adverbiale Bestimmung erweitert werden.	☐	☐
B Jedes Prädikat kann ein Präpositionalobjekt fordern.	☐	☐
C Attribute ergänzen das Prädikat.	☐	☐
D Eine Apposition steht immer hinter ihrem Bezugswort.	☐	☐

4 Vergleiche deine Ergebnisse mit dem Lösungsheft (▶ S. 20). Jede richtige Antwort gibt einen Punkt.

☺ 22–17 Punkte	☺ 16–11 Punkte	☹ 10–0 Punkte
Gut gemacht!	Gar nicht schlecht! Wo hattest du Schwierigkeiten? Wiederhole die passenden Übungen auf den Seiten 43–51.	Du solltest noch einmal üben! Arbeite die Seiten 43–51 erneut durch.

Satzreihe und Satzgefüge

Wissen und können **Die Satzreihe** (Hauptsatz + Hauptsatz)

Ein **Hauptsatz** ist ein selbstständiger Satz.
- Er enthält im Regelfall mindestens **zwei Satzglieder**, nämlich <u>Subjekt</u> und <u>Prädikat</u>, z. B.: *<u>Mirko</u> <u>liest</u>*.
- Die **Personalform des Verbs** (das gebeugte Verb) steht im Hauptsatz an **zweiter Satzgliedstelle**, z. B.: *Gute Geschichten <u>unterhalten</u> Jugendliche.*

Ein **zusammengesetzter Satz**, der aus zwei oder mehr Hauptsätzen besteht, wird **Satzreihe** genannt.
- Die **einzelnen Hauptsätze** einer Satzreihe werden durch ein **Komma** voneinander getrennt:

Es gibt viele Jugendbücher, die besten unter ihnen erhalten den Jugendliteraturpreis.

——— Hauptsatz (Hs) ———, ——————— Hauptsatz (Hs) ———————.
                            Komma

- Häufig werden Hauptsätze durch die **nebenordnenden Konjunktionen *und, oder, aber, sondern, denn, doch*** verbunden. Nur vor *und* bzw. *oder* darf das Komma entfallen, z. B.: *Die prämierten Bücher werden häufig gekauft(,) und sie erreichen viele junge Leserinnen und Leser.*

——————— Hauptsatz (Hs) ——————— (,) und ——————— Hauptsatz (Hs) ———————.
                             (Komma) Konjunktion

1 **Umkreise im folgenden Text die Konjunktionen und setze die fehlenden Kommas.**

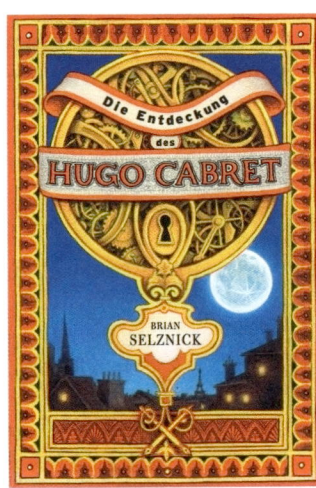

Das ungewöhnliche Buch „Die Entdeckung des Hugo Cabret" von Brian Selznick bleibt den Lesern im Gedächtnis denn es ist ein Roman in Worten und Bildern. Ein Teil der Buchseiten enthält eine erzählte Geschichte aber der größte Teil des Buches zeigt doppelseitige Bleistiftzeichnun-

5 gen. Auf den Leser wirkt der Roman wie ein Bilderbuch oder ein Film denn die Zeichnungen erzählen die Geschichte weiter. Das Buch liegt mit über 500 Seiten schwer in der Hand doch der Roman ist selbst für Lesemuffel kein schwerer Brocken. Eine Seite Text führt in die Geschichte ein und auf den nächsten 42 Seiten folgen ausschließlich Bilder. Der Leser schaut der Hauptfigur Hugo nicht sofort

10 über die Schulter sondern sein Blick wird wie mit einem Zoomobjektiv vom Mond über den Eiffelturm und einen großen Bahnhof in Paris langsam immer näher an den Jungen herangeführt. Plötzlich verschwindet Hugo hinter einer der riesigen Bahnhofsuhren.

2 **Füge die folgenden Sätze zu sinnvollen Satzreihen zusammen und schreibe sie ins Heft. Verwende auch nebenordnende Konjunktionen.**

A Die Hauptfigur des Romans heißt Hugo Cabret. Der Roman erzählt von Hugos geheimem Leben in den Gemäuern des Bahnhofs.

B Ganz allein kümmert er sich um die großen Uhren im Bahnhof. Sein Onkel, der Uhrenwächter, ist seit Monaten verschwunden.

C Auf seinen Runden durch die verborgenen Gänge des Bahnhofs zieht Hugo die Uhren auf. Er ölt die Mechanik.

D Keinesfalls will Hugo auffallen. Sein geheimes Leben ist in Gefahr.

Wissen und können	Das Satzgefüge (Hauptsatz + Nebensatz)

Einen **Satz**, der aus mindestens einem **Hauptsatz** und mindestens einem **Nebensatz** besteht, nennt man **Satzgefüge**. Zwischen Hauptsatz und Nebensatz muss **immer ein Komma** stehen.

Nebensätze haben folgende Kennzeichen:

- Ein Nebensatz kann **nicht ohne einen Hauptsatz** stehen.
- Der Nebensatz ist dem Hauptsatz untergeordnet. Er wird meist durch eine **unterordnende Konjunktion** (z. B. *weil, dass, als, nachdem, wenn*) oder ein **Relativpronomen** (z. B. *der, die, das, welcher*) eingeleitet.
- Die Personalform des Verbs (das gebeugte Verb) steht im Nebensatz immer **an letzter Satzgliedstelle**.
- Ein Nebensatz kann **vorangestellt, eingeschoben** oder **nachgestellt** werden, z. B.:

vorangestellt: *Wenn ein Leser in einem Buch versinkt, vergisst er die Zeit und seine Umgebung.*

Konj. ———— Nebensatz (Ns) ————, ———— Hauptsatz (Hs) ————.

eingeschoben: *Fantasievolle Menschen, **die** spannende Bücher lesen, können Reisen im Kopf unternehmen.*

———— Hs ————, Relativpron. ——— Ns ———, ———— Hs ————.

nachgestellt: *Bücher begeistern, **weil** sie in fremde Welten entführen.*

———— Hs ————, Konj. ———— Ns ————.

3
a Unterstreiche im folgenden Text jeden Nebensatz.
b Umkreise die Konjunktion oder das Relativpronomen, das den Nebensatz jeweils einleitet.
c Markiere die Personalform des Verbs im Nebensatz.

Der geheimnisvolle Automatenmann

Der Waisenjunge Hugo besitzt zwei geheime Schätze, die die Erinnerung an seinen verstorbenen Vater bewahren. Es handelt sich um einen kaputten Automatenmenschen und ein Notizbuch. Hugo will den Automa-
5 ten unbedingt reparieren, weil sein Vater jahrelang an diesem mechanischen Menschen arbeitete. Er glaubt fest daran, dass ihm dieses Kunststück gelingt. Zum Glück enthält das Notizbuch seines Vaters wichtige

Informationen, die Hugo bei der Wiederherstellung helfen. Wenn der Automatenmensch sich endlich wieder be-
10 wegt, schreibt er hoffentlich eine persönliche Botschaft des Vaters für Hugo auf. Das Material für die Reparaturen stiehlt Hugo in einem Spielwarenkiosk, den ein schrulliger alter Mann im Bahnhof betreibt. Obwohl Hugo sehr vorsichtig vorgeht, ertappt ihn der Alte eines Tages bei einem Diebstahl. Was zuerst wie ein großes Unglück erscheint, entpuppt sich letztlich als Hugos Glück. Der Spielwarenhändler hat eine Enkelin, die Isabelle heißt. Der Automatenmensch erwacht, da Isabelle den passenden Schlüssel an einer Kette um den Hals trägt, mit ihrer Hilfe
15 zum Leben und beginnt zu zeichnen.

4
a Unterstreiche im vorangegangenen Text das Satzgefüge mit eingeschobenem Nebensatz doppelt.
●●● b Zeichne den passenden Satzbauplan.

Der Relativsatz

Wissen und können   **Mit einem Relativsatz Bezugswörter näher erklären (auch: Attributsatz)**

- **Relativsätze sind Nebensätze,** die ein **vorausgehendes Bezugswort** (Nomen oder Pronomen) näher **erklären.** Sie werden mit einem **Relativpronomen** eingeleitet, z. B. *der, die, das, welcher, welche, welches.* Bei der Umstellprobe können die Bezugswörter nur **zusammen mit diesen Pronomen verschoben werden.**
- Ein Relativsatz wird immer durch ein **Komma** vom Hauptsatz abgetrennt. Wird er in einen Hauptsatz eingeschoben, dann setzt man vor und hinter den Relativsatz ein Komma.
- Relativsätze nehmen im Satz oft die Stelle eines Attributs (▶ S. 50, 51) ein. Man kann sie also mit der Satzgliedfrage *Was für ...?* erfragen.
- Relativsätze werden daher auch Attributsätze genannt und stellen kein eigenes Satzglied dar, z. B.:

Jugendliche lesen gern spannende Bücher.   *Jugendliche lesen gern Bücher, die spannend sind.*

          Attribut   Hauptsatz   Relativsatz = Attributsatz

1   **a**   Unterstreiche im folgenden Text jeden Relativsatz.
      b   Umkreise jeweils das Relativpronomen
         und markiere das Bezugswort des Relativsatzes.

In dem Buch „Der durch den Spiegel kommt" erzählt Kirsten Boie sehr

spannend von einem Abenteuer, das in einer fremden Welt stattfindet.

Die Hauptfigur ist das Mädchen Anna, das sich selbst nicht besonders

mutig oder hübsch findet. Ein Spiegel, den Anna zufällig auf dem Weg

5   zum Supermarkt findet, erweist sich als Zauberspiegel. Die silberne

Seite, die Anna zuerst erblickt, spiegelt ihre normale Umgebung wider.

Die goldene Seite aber bringt sie in ein fremdes Land, das zunächst

ganz idyllisch auf sie wirkt. Die ersten Menschen, welche ihr in diesem

Traumland begegnen, machen ihr eines bald deutlich: Anna ist die

10   Heldin, die sie schon lange erwarten.

2   **a**   Formuliere die folgenden Sätze in Satzgefüge um: Gib die unterstrichenen Attribute als Relativsätze wieder.
      b   Umkreise in deinen Sätzen die Relativpronomen und ziehe jeweils einen Pfeil zum Bezugswort.

A   Ein <u>neben dem Spiegel sitzendes</u> Kaninchen wird Annas frecher Begleiter.

_____

B   Abends kehren sie in ein <u>am Weg liegendes</u> Gasthaus ein.

_____

C   Am Morgen flehen Anna alle <u>ins Gasthaus geströmten</u> Menschen um Hilfe an.

_____

D   Das <u>völlig verwirrte</u> Mädchen sehnt sich zurück in die <u>ihm vertraute</u> Welt.

_____

Die Adverbialsätze

Wissen und können	Adverbialsätze – Angaben zu Zeit, Grund, Zweck, Art und Weise

Nebensätze, die ein **Satzglied ersetzen**, nennt man **Gliedsätze**. **Adverbialsätze** sind Gliedsätze, weil sie die Rolle eines Satzglieds übernehmen. Sie **informieren** genauer über die **Umstände eines Geschehens**. Bei der Umstellprobe lassen sie sich **gesamt verschieben**. Sie werden vom Hauptsatz mit einem Komma abgetrennt.

Adverbialsatz	Fragen	Beispiel
der Zeit: Temporalsatz	Wann? Wie lange? Seit wann? ...	_**Seit** ich meinen ersten Fantasyroman gelesen habe, lässt mich diese Art von Literatur nicht mehr los._
des Grundes: Kausalsatz	Warum? Warum nicht? ...	_**Weil** ich abends oft schon müde bin, sind Hörbücher eine willkommene Abwechslung._
des Zwecks: Finalsatz	Wozu ...?	_Ich lese Fantasyromane, **damit** ich für kurze Zeit in fremde Welten eintauchen kann._
der Art und Weise: Modalsatz	Wie? Woraus? Womit? Wodurch? ...	_**Indem** ich mich in den Helden hineinversetze, kann ich meinen alltäglichen Sorgen entfliehen._

1 a Unterstreiche im folgenden Text die Adverbialsätze.
   b Umkreise die Konjunktionen und benenne den Adverbialsatz.

Annas Aufgabe

Temporalsatz

(Nachdem) Anna mit verschiedenen Personen gesprochen hat, begreift sie langsam das Problem des Landes-auf-der-anderen-Seite. Der schreckliche Evil versetzt die Menschen in ständige Angst, indem er seine grausame Herrschaft unentwegt ausdehnt. Während die Bewohner arglos auf dem Feld arbeiten, werden sie von Evils Soldaten rücksichtslos geraubt. Schließlich macht sich das Mädchen, da es großes Mitleid mit den Menschen empfindet, auf den Weg. Bevor Evil das Land ganz in seinem Griff hält, will Anna ihn besiegen.

2 Formuliere die folgenden Sätze in Satzgefüge um: Gib die unterstrichenen adverbialen Bestimmungen (▶ S. 48) als Adverbialsatz wieder. Verwende dabei die angegebenen Konjunktionen und setze jeweils das Komma.

A Vor dem Erreichen von Evils Burg muss Anna viele gefährliche Hindernisse überwinden. | bevor |

Bevor Anna

B Anna schöpft dank der Hilfe eines Freundes immer wieder neuen Mut. | weil/da |

C Anna besteht mit Mut und Klugheit alle Abenteuer. | indem |

Subjekt- und Objektsätze

| Wissen und können | Nebensätze unterscheiden – Subjekt- und Objektsätze |

- **Nebensätze**, die ein **Satzglied** ersetzen, nennt man **Gliedsätze**.
  Subjektsätze und Objektsätze sind Gliedsätze, weil sie die **Rolle des Subjekts bzw. des Objekts** für den Hauptsatz übernehmen. Sie lassen sich wie das Subjekt oder das Objekt mit Hilfe der Frageproben ermitteln. Als Nebensätze werden sie durch ein **Komma** vom Hauptsatz abgetrennt.
- **Subjektsatz:** Das Subjekt eines Satzes kann durch einen Nebensatz gebildet werden, z. B.:
  Die Beliebtheit von Krimis ist wenig erstaunlich. → *Dass Krimis so beliebt sind, ist wenig erstaunlich.*
  (Subjekt) (Subjektsatz: Wer oder was ist wenig erstaunlich?)
- **Objektsatz:** Das Objekt eines Satzes kann durch einen Nebensatz gebildet werden, z. B.:
  Der Detektiv erklärt seine Lösung des Falls. → *Der Detektiv erklärt, wie er den Fall gelöst hat.*
  (Objekt) (Objektsatz: Wen oder was erklärt der Detektiv?)

1
a Unterstreiche in den folgenden Sätzen A bis D die Nebensätze (Gliedsätze).
b Erfrage, ob es sich um einen Subjekt- oder um einen Objektsatz handelt.
Notiere die Frage und benenne die Gliedsatzart.

A Wie beliebt Sherlock Holmes immer noch ist, zeigen die vielen neuen Verfilmungen.

Frage: *We... oder* _____ = _____

B Allseits bekannt ist, dass ihn sein Gehilfe Dr. Watson stets unterstützt.

Frage: _____ = _____

C Wer den Meisterdetektiv mag, dürfte sich auch für die Buchreihe „Young Sherlock Holmes" begeistern.

Frage: _____ = _____

D Ob man die neuen Fälle genauso gut findet wie die alten, muss jeder für sich selbst entscheiden.

Frage: _____ = _____

2 Die folgenden Sätze wirken umständlich formuliert.
●●● Wandle sie deshalb in Satzgefüge mit Subjekt- und Objektsatz um. Beachte die Unterstreichungen.

(Subjekt)
Der Kriminalroman Lesende bekommt spannende Unterhaltung geboten.

_____

_____

(Objekt)
Die Leser wünschen sich stets die Überwältigung des Schurken durch den Detektiv.

_____

_____

Teste dich!

Satzreihe und Satzgefüge

1 **Kreuze für jede der folgenden Aussagen an, ob sie zutrifft oder nicht. (6 Punkte)**

	trifft zu	trifft nicht zu
A Eine Satzreihe enthält nie ein Komma.	☐	☐
B Eine Satzreihe kann durch eine nebenordnende Konjunktion verbunden sein.	☐	☐
C Ein Satzgefüge besteht aus einem Nebensatz.	☐	☐
D Die Personalform des Verbs steht im Nebensatz immer an letzter Stelle.	☐	☐
E Adverbialsätze nehmen die Rolle eines Satzglieds ein.	☐	☐
F Subjekt- und Objektsätze sind Attributsätze.	☐	☐

2 **Verbinde jeweils die beiden Sätze in A und B: Bilde ein Satzgefüge aus Hauptsatz und Relativsatz. (2 Punkte)** ☐

A Der „Hobbit" wurde erstmals 1957 ins Deutsche übersetzt. Der Roman stammt von J.R.R. Tolkien.

_____

B Die Hauptfigur Bilbo Beutlin ist ein Hobbit. Sie lebt im idyllischen Auenland.

_____

3 **a Unterstreiche in den folgenden Sätzen A bis F die Nebensätze. (6 Punkte)** ☐
b Prüfe, welche Art von Nebensatz jeweils vorliegt.
Notiere hinter jeden Satz, ob es sich um einen Relativsatz (Rel.), Subjektsatz (Sub.), Objektsatz (Obj.) oder Adverbialsatz (Adv.) handelt. (6 Punkte)

A Als der Zauberer Gandalf auftaucht, verändert sich Bilbos geruhsames Leben grundlegend. = _____

B Gemeinsam mit 13 Zwergen, die den Schatz ihrer Vorfahren zurückerobern wollen, stürzt er sich in ein gefährliches Abenteuer. = _____

C Dass er einmal den Kampf mit bedrohlichen Gegnern aufnehmen würde, hätte Bilbo sich nie träumen lassen. = _____

D Immer wieder rettet der Hobbit seine Gefährten, indem er Mut und Scharfsinn an den Tag legt. = _____

E Mit Hilfe eines geheimnisvollen Rings, der seinen Besitzer unsichtbar machen kann, übersteht Bilbo zahlreiche brenzlige Situationen. = _____

F Ob das Abenteuer glücklich enden wird, bleibt dennoch lange ungewiss. = _____

4 **Vergleiche deine Ergebnisse mit dem Lösungsheft (▶ S. 22). Jede richtige Antwort gibt einen Punkt.**

☺ 20–15 Punkte	☺ 14–9 Punkte	☹ 8–0 Punkte
Gut gemacht!	Gar nicht schlecht! Wo hattest du Schwierigkeiten? Wiederhole die passenden Übungen auf den Seiten 55–59.	Du solltest noch einmal üben! Arbeite die Seiten 55–59 erneut durch.

Zeichensetzung

Das Komma im Satzgefüge

Wissen und können	Das Komma zwischen Hauptsatz und Nebensatz

Zwischen Hauptsatz und Nebensatz muss immer ein **Komma** stehen.
In einem Satzgefüge (▶ S. 56–59) kann der Nebensatz vor, zwischen oder nach dem Hauptsatz stehen:
- **vorangestellt**, z. B.: *Obwohl der Papagei seinen Namen wusste, konnte ihm erst nicht geholfen werden.*
- **eingeschoben**, z. B.: *Den Polizisten, die sich Mühe mit dem Vogel gaben, verriet er seinen Namen nicht.*
- **nachgestellt**, z. B.: *Die Besitzer des Papageis waren erleichtert, als sie ihn zurückerhielten.*

1
a Unterstreiche jeden Nebensatz.
b Füge im folgenden Text die fehlenden Kommas zwischen Haupt- und Nebensatz ein.

Papagei ohne Worte

VORSICHT FEHLER!

Was macht man als Papagei wenn man nach einem unerlaubten Ausflug nicht mehr nach Hause findet? Es wäre klug wenn man einer Person seines Vertrauens seine Adresse verrät. Als die Polizei in der Nähe von Tokio einen Afrikanischen Graupapagei auf einem fremden Grundstück fand brachte sie ihn sogleich auf die Polizeiwache. Nach einer Nacht in der er völlig sprachlos war brachten die Beamten den verstörten Vogel in eine Tierklinik. Obwohl sie durchaus freundlich zu dem Tier waren beachtete es niemanden. Vielleicht sprach der Papagei nicht mit den Beamten weil sie eine für Papageienaugen unschöne Uniform trugen.

2
a Bestimme die Satzgefüge. Umkreise in den Nebensätzen der Satzgefüge (die Konjunktionen) und unterstreiche – wenn vorhanden – das Relativpronomen.
b Unterringle in jedem Nebensatz die Personalform des Verbs. Beachte die Verbstellung.
c Kreuze die Satzgefüge an.

☐ A Als der entflogene Papagei in die Tierklinik kam,
änderte sich sein Verhalten vollkommen.

☐ B Der Vogel, der bislang ziemlich unbewegt schien,
hatte nun offensichtlich großes Interesse an seiner Umgebung.

☐ C Wenn jemand den Raum betrat, begrüßte er diesen
besonders freundlich.

☐ D Er plapperte beinahe unaufhörlich, aber das belanglose Geschwätz
half in keiner Weise weiter.

☐ E Als ein Tierwärter dem Vogel jedoch etwas genauer zuhörte,
sprach dieser die entscheidenden Worte.

☐ F Er sagte: „Ich heiße Yosuke Nakamura.
Ich wohne in Chiba."

☐ G Dort fand die Polizei dann tatsächlich die Besitzer,
die ihren Papagei überglücklich in Empfang nahmen.

Yosuke Nakamura

Das Komma bei Aufzählungen

> **Wissen und können**   **Das Komma bei Aufzählungen**
>
> ■ **Ein Komma muss stehen,**
>   – wenn Wörter oder Wortgruppen in **Aufzählungen** aneinandergereiht werden, z. B.:
>   *Kleine Haustiere wie Vögel, Kaninchen, Katzen, Hunde sind sehr beliebt.*
>   *Bereitstellen müssen Besitzer eine geeignete Umgebung, angemessene Nahrung, liebevolle Pflege.*
>   – wenn das Wort oder die Wortgruppe durch **einschränkende Konjunktionen** wie
>   **aber, jedoch, sondern, doch, jedoch** eingeleitet wird, z. B.:
>   *Katzen sind zwar häuslich, aber sehr unabhängig von ihrem Menschen.*
> ■ **Kein Komma** steht vor den **nebenordnenden Konjunktionen**
>   **und, oder, sowie, entweder … oder, sowohl … als auch,** z. B.:
>   *Katzen sind eigenwillige, anschmiegsame und geschickte Tiere.*
>   *Der Kater Arthur ist sowohl mutig als auch geschickt.*

1 Setze im folgenden Text die Kommas bei den Aufzählungen.

Kater mit mehr als neun Leben

VORSICHT FEHLER!

Drei Wochen lang verbrachte der Kater Arthur in einem großen Container
ohne Futter ohne Wasser sogar ohne frische Luft. Arthur wird als sehr
jugendlich aufgeweckt niedlich und zutraulich beschrieben. Er wirkt wohl
nicht besonders kräftig schön oder sonst in irgendeiner Weise auffällig.

5 Er war in Pompano Beach in Florida zu Hause, wo er gern die Nachbarkatze
Emily besuchte mit ihr spielte und manchmal auch gern einen kleinen
Ausflug mit ihr machte.

2 Unterstreiche im folgenden Text die nebenordnenden Konjunktionen, vor denen kein Komma steht.

Als der Besitzer von Emily seinen Umzug in das 4 000 Kilometer entfernte Phoenix plante, zweifelte er
keinen Augenblick daran, dass er seine sowohl geliebte als auch wertvolle Katze mitnehmen würde. Sehr
10 zum Leidwesen von Arthur, der die sichtbaren und hörbaren Anzeichen des Umzugs sogleich bemerkte. In
einem unbeaufsichtigten Moment muss der Kater entweder in einen Umzugskarton oder gleich in den
Container geklettert sein. Drei Wochen lang hörte man weder sein klägliches Miauen noch sein verzweifeltes Kratzen. Doch dann wurde endlich ein Lagerarbeiter hellhörig und öffnete unter Videoaufsicht den
Container: Heraus kam ein abgemagerter, ausgetrockneter sowie sichtlich geschwächter Kater.

3 Setze im folgenden Text die fehlenden Kommas.

●●●
15 Arthurs Besitzer Carl wurde schnell ausfindig gemacht und telefonisch benachrichtigt. Er hatte Arthur eigentlich schon aufgegeben und spielte mit dem Gedanken, einen Hund ein Hängebauchschwein oder gar
ein Pferd anzuschaffen, weil es keinen zweiten Kater wie Arthur gebe, der so liebevoll schlau und auch
noch anhänglich sei. Nun plant er eine große Wiedersehensparty mit Katzenleckerli frischem Fleisch
Knabberstängli aber auch Spritzigem und sowohl Süßem als auch Saurem für die zweibeinigen Gäste.

Zeichensetzung bei der wörtlichen Rede

Wissen und können **Zeichensetzung bei der wörtlichen Rede**

Die **wörtliche Rede** steht in einem Text **in Anführungszeichen.** Die Satzzeichen ändern sich, je nachdem, ob der Redebegleitsatz vor, nach oder zwischen der wörtlichen Rede steht.

- Der **Redebegleitsatz vor der wörtlichen Rede** wird durch einen **Doppelpunkt** von der wörtlichen Rede abgetrennt, z. B.: _Fragt ein Pferd ein anderes:_ „Sag mal, wie viel PS hast du eigentlich?"
- Der **Redebegleitsatz nach der wörtlichen Rede** wird durch **ein Komma** von der wörtlichen Rede abgetrennt, z. B.: „Bringen Sie mir bitte ein Jägerschnitzel", _fordert ein Hase den Kellner auf._
- Der **Redebegleitsatz zwischen der wörtlichen Rede** wird **durch Kommas** von der wörtlichen Rede abgetrennt, z. B.: „Wenn eure Mutter das wüsste", _sagt ein Hahn zu den Küken,_ „würde sie sich auf dem Grill umdrehen."

Beachte: Wird die **wörtliche Rede vorangestellt, entfällt der Punkt.**
Ausrufezeichen und Fragezeichen bleiben erhalten, z. B.:
„Was darf's denn sein?", fragt der Verkäufer den Frosch. „Quark", lautet die Antwort.

1 **a** Unterstreiche in folgendem Dialog A bis C die wörtliche Rede.
    b Ergänze die fehlenden Satzzeichen der wörtlichen Rede.

Eine Dame sitzt in ihrem Lieblingscafé und genießt ihren Pflaumenkuchen.
Plötzlich geht die Tür auf und ein grauer Pudel tritt ein.

A Er bittet den Kellner   Bringen Sie mir doch ein großes Schokoladeneis mit Sahne

B Das ist ja ganz außerordentlich   ruft die Dame

C Da stimme ich Ihnen voll und ganz zu   antwortet der Kellner   sonst bestellt er immer nur Vanilleeis

2 Arbeite in deinem Heft jeden der beiden folgenden Comics zu einem Witz aus, z. B.:
Comic I: Treffen sich zwei Freunde. Fragt ...
Verwende jeweils alle drei Möglichkeiten eines Begleitsatzes.

Comic I

Comic II

Teste dich! ✖

Zeichensetzung

1 **Prüfe die folgenden Regeln A bis D zur Zeichensetzung und streiche jeweils das falsche der markierten Wörter. (11 Punkte)**

A In einem Satzgefüge werden Haupt- und Nebensatz nie/immer durch ein Komma abgetrennt.

B Der Nebensatz wird meist durch Adverb/Konjunktion oder Relativpronomen/Personalpronomen eingeleitet und die Personalform des Verbs steht im Nebensatz immer an zweiter/letzter Satzgliedstelle.

C Wörter oder Wortgruppen werden in Aufzählungen durch Satzschlusszeichen/Komma getrennt, es sei denn, sie werden durch unterordnende/nebenordnende Konjunktionen wie z. B. und/aber verbunden.

D Wörtliche Rede steht in Satzschlusszeichen/Anführungszeichen . Der Redebegleitsatz kann neben/zwischen , vor/unter sowie über/nach der wörtlichen Rede stehen.

2 **Prüfe für jedes Kästchen, ob ein Komma gesetzt werden muss. Trage die fehlenden Kommas ein. (15 Punkte)**

Der Papagei eines Verstorbenen ☐ soll versteigert werden. Der Auktionator nennt zunächst den Preis von 50 Euro ☐ dann von 100 Euro ☐ und zuletzt von 200 Euro. Weil Frau Müller das schöne Tier unbedingt haben will ☐ bietet sie mit. Nach einiger Zeit ☐ fällt ihr auf ☐ dass ein anderer offensichtlich auch ☐

5 weder Kosten ☐ noch Mühe scheut, den Papagei zu besitzen. Als es ihr jedoch bei 1500 Euro zu bunt wird ☐ ruft sie in die Runde: „Das ist mein letztes Gebot." Nachdem Frau Müller ☐ beim Auktionator bezahlt hat ☐ merkt sie an: „Obwohl das Tier wirklich traumhaft schön ☐ und begehrenswert ist ☐ wollte ich eigentlich nicht so viel Geld ausgeben. Ich würde mich freuen ☐

10 wenn der Vogel wenigstens spricht." „Was glauben Sie, wer gegen Sie geboten hat", antwortet der Auktionator ☐ der nicht einmal mit der Wimper zuckt.

3 **a Unterstreiche in diesem Text den Redebegleitsatz. (3 Punkte)**
b Ergänze für die wörtliche Rede die fehlende Zeichensetzung. (3 Punkte)

Ein Mann kommt in eine Zoohandlung und verlangt: Zehn Ratten bitte.

Wozu brauchen Sie die denn?   wundert sich der Verkäufer.

Ich habe meine Wohnung gekündigt   antwortet der Kunde   und muss sie so verlassen, wie ich sie vorfand.

4 **Vergleiche deine Ergebnisse mit dem Lösungsheft (▶ S. 23). Für jede richtige Antwort bekommst du einen Punkt.**

☺ 32–34 Punkte	☺ 23–16 Punkte	☹ 15–0 Punkte
Gut gemacht!	Gar nicht schlecht! Wo hattest du Schwierigkeiten? Wiederhole die passenden Übungen auf den Seiten 61–63.	Du solltest noch einmal üben! Arbeite die Seiten 61–63 erneut durch.

Was kannst du schon? – Rechtschreibung

1   **a**   Zerlege die folgenden Wörter: Ziehe einen Strich | zwischen die jeweiligen Einzelwörter.
    b   Schreibe jedes Wort mit allen erlaubten Silbentrennungen auf. (6 Punkte)

Abendstern   Sonnenuntergang   Morgendämmerung

Abend | stern _____

Ferienfrühstück   Freibadwetter   Spitzenleistung

2   Zu jedem Wort in der oberen Zeile gibt es ein Wort aus derselben Wortfamilie in der unteren Zeile.
     Verbinde beide durch eine Linie und trage dann jeweils die fehlenden Buchstaben ein. (5 Punkte)

| Urlau *b* spläne | San____ | Stau____ | richti____ | Hal____zeit | Lie____ling |

| berichti____en | Urlau *b* er | abstau____en | hal____ieren | verlie____en | versan____en |

3   Entscheide, welche dieser Wörter mit *ä* oder *äu* geschrieben werden.
     Finde jeweils ein verwandtes Wort, das dir bei der Entscheidung hilft, und trage es ein. (8 Punkte)

F *ä* lschung   *falsch* _____   unverk____flich _____   r____tselhaft _____

N__hte _____   aufr____men _____   gl__big _____

w__lzen _____   Z____ne _____   erkl____ren _____

4   Trage im folgenden Text die fehlenden Konsonanten ein. (19 Punkte)

Einladungen, Pla____karten oder Geschen____papier kannst du hübsch schmü____en, zum Beispiel mit

einer Ka____e oder Her____en. Ein Stempel ist schnell hergestellt: Klebe das Motiv auf

ein Hol____stü____chen, nimm Klebstoff mit spi____er Tülle und lasse ihn gut antro____nen.

Wenn du für den Stempel ein fertiges Moosgu____imotiv ni____st, vielleicht ein Schi____,

ist er schne____ fertig. Pre____e es in der Mi____e des Holzes fest. Als Stempelki____en ka____st du

ein feuchtes Schwa____tuch nehmen, auf das du Bastelfarbe pi____selst.

5   Was ist hier abgebildet? Achte auf die langen Vokale und notiere im Heft. (8 Punkte)

6 Trage die Wörter in die nachfolgende Tabelle ein und ergänze dabei den richtigen *i*-Laut: *i*, *ie*, *ih*, *ieh*. (9 Punkte)

s ? t   fr ? ren   L ? ter   fl ? t   sch ? ben   ? re   versch ? den   Margar ? ne   Benz ? n

i	ie	ih	ieh

7 a Achte auf den *s*-Laut: Jeweils ein Wort in jeder Reihe A bis H ist falsch geschrieben. Umkreise es. (8 Punkte)

A Wasser • naß • Regenguss • Gießkanne

B Schließung • Schlüssel • Schloß • Abschluss

C Weisheit • Wissen • wussten • wißbegierig

D abbeißen • Weißwurst • Hundebiß • heiß

E draußen • Taschenmesser • Gaskocher • Badespass

F Kaufhaus • kassieren • Großmarkt • Einlaß

G Erlebniss • passieren • aufpassen • Eisglätte

H Fleiskärtchen • Zeugnis • Klassenbester • Eins

b Schreibe die eingekreisten Wörter in der richtigen Schreibung in dein Heft. (8 Punkte)

8 Im folgenden Text müssen zehn weitere Wörter großgeschrieben werden. Unterstreiche sie. (10 Punkte)

Plastiktüten sind praktisch – aber schlecht für die umwelt. Denn kunststoff zerfällt erst nach sehr vielen Jahren. Besonders im meer richtet Plastikmüll großen schaden an. Darum denken Politiker nun über ein verbot von Plastiktüten oder eine steuer nach, die die kunststofftaschen teurer machen soll. Mit „nur" 65 Tüten pro kopf und jahr ist der verbrauch in Deutschland zwar vergleichsweise gering – für die Umwelt aber immer noch zu hoch.

9 a Groß oder klein? Kreuze für jeden Satz A bis E an, ob er einen Fehler enthält oder nicht. (5 Punkte)

b Unterstreiche die Fehler.

	ein Fehler	kein Fehler
A Beim einkauf spielen Plastiktüten eine tragende Rolle.	☐	☐
B Zum Transport ihrer Einkäufe nehmen viele Menschen Plastiktüten.	☐	☐
C Mit Körben oder Stoffbeuteln kann man der Umwelt helfen.	☐	☐
D Die eigene herstellung von Stofftaschen kann viel Spaß machen.	☐	☐
E So eine selbstgestaltete Transporthilfe eignet sich auch als Geschenk.	☐	☐

10 a Prüfe deine Lösungen mit Hilfe des Lösungsheftes (▶ S. 24).

b Trage ein, wie du die Aufgaben bewältigt hast: ✓ = das Meiste richtig   ? = noch etwas unsicher

Aufgabe	1	2	3	4	5	6	7	8	9
Weitere Übungen	Seite 67	Seite 68	Seite 69	Seite 71–72	Seite 71–72	Seite 73–74	Seite 78–80	Seite 84–86	Seite 84–88

Fehler vermeiden – Tipps zum Rechtschreiben

Zusammengesetzte Wörter in Einzelwörter zerlegen – Wortbausteine erkennen

Wissen und können   **Wörter zerlegen – Lange Wörter richtig schreiben**

Wörter zu zerlegen hilft dir, besonders lange Wörter und Wörter mit schwierigen Wortbausteinen richtig zu schreiben. Durch das Zerlegen erkennst du

- **Einzelwörter:** Lange Wörter werden übersichtlicher, z. B.: *Trab | renn | bahn.*
- **Wortbausteine,** z. B.:
  - **Vorsilben** (Präfixe):   **ver-:**   *ver | bieten, ver | gessen*
    ent-:   *ent | decken, ent | lassen*
  - **Nachsilben** (Suffixe): **-chen:** *Kind | chen, Dös | chen*
    -lein: *Tisch | lein, Fisch | lein*

1 a Zerlege die folgenden zusammengesetzten Wörter wie im ersten Beispiel in Einzelwörter.
b Trenne dieselben Wörter in Silben.
c Bilde aus den Einzelwörtern neue Wortzusammensetzungen.

Fuß|ball|felder   Kiefernholzkiste

Zeichentrickfilme   Tierkrankenhaus

> **Richtig trennen**
> Man trennt zwischen einzelnen Wortbausteinen, z. B.:
> *Bett-tuch, Vor-hang, berg-auf, über-sicht-lich.*
> In der neuen Zeile steht nur ein Konsonant, z. B.:
> *Tep-pich, klop-fen, schmut-zig, Pos-ter, Tren-nung.*
> Buchstabenverbindungen, die für einen Laut stehen, trennt man nicht, z. B.: *ki-**ch**ern, zwi-**sch**en, We-**ck**er.*

Silben: *Fuß-ball-fel-der,* _____

_____

neue Wortzusammensetzungen: *fußkrank,* _____

_____

2 Zerlege die folgenden Wörter. Achte auf Einzelwörter, Vor- und Nachsilben (Prä- und Suffixe).
Achtung: Jeweils ein Wort in jeder Reihe passt nicht zu den übrigen Wörtern. Umkreise es.

A Vortrag   vordem   vorfahren   Vorderreifen   vorhin   Vorjahr   vorlaut

B Entgegenkommen   entlangfahren   Entdeckung   Entenbraten   entschieden   entzwei   entweder

C Moosröschen   mäuschenstill   Sommerblüschen   Gartenhäuschen   Teegläschen   Rüschenkleid

D verdammt   verzweifelt   Verweigerung   Verzinsung   verderben   Verbform   Verdachtsmoment

3 a Entscheide, welche der folgenden Wörter mit *V-/v-* und welche mit *F-/f-* geschrieben werden.
Wenn du unsicher bist, dann schlage in einem Wörterbuch nach.
b Liste die Wörter richtig in der nachstehenden Zuordnung auf.

die ___orankündigung   die ___orelle   ___orbeibringen   die ___ortbildungsmaßnahme   zu___orderst

un___orhergesehen   die ___orstwirtschaft   ___ortsetzen   das ___orum   ___orurteilsfrei   ___ormbar

Wörter mit *V-/v-*: _____

Wörter mit *F-/f-*: _____

Wörter verlängern

Verlängerungsprobe: *t* oder *d*, *k* oder *g*, *p* oder *b*?

Meist am Wortende klingt *b* wie *p*, z. B.: *Stau**b**, hal**b***; *g* wie *k*, z. B.: *Ta**g**, Ber**g***; *d* wie *t*, z. B.: *Ba**d**, beruhigen**d***.
Erst wenn du die **Wörter verlängerst, hörst du,** welchen **Buchstaben** du schreiben musst
(Verlängerungsprobe). So kannst du Wörter verlängern:
- Bilde bei **Nomen den Plural,** z. B.: *das Pfer**d** → die Pfer**d**e.*
- *Steigere Adjektive,* z. B.: *klu**g** → klü**g**er,* oder **ergänze** ein **Nomen,** z. B.: *run**d** → eine run**d**e Sache.*
- Bilde bei **Verben den Infinitiv** (die Grundform) oder die **Wir-Form,** z. B.: *es trab**t** → wir trab**en**.*
- Manchmal muss man ein **Wort erst zerlegen** (▶ S. 67), bevor man es an der fraglichen Stelle verlängern
  kann, z. B. *der Ber**g**rücken → der Ber**g** | rücken → die Ber**g**e.*

1 Kläre für jedes der folgenden Wörter die Schreibweise durch Verlängern.
Trage beide Formen wie im ersten Beispiel richtig in eines der nachstehenden Häuser ein.

der Wal**d**   es na**?**t   schmutzi**?**   er schen**?**t   der Kor**?**

billi**?**   es flie**?**t   der Krie**?**   wüten**?**   das Gel**?**   sie rei**?**t

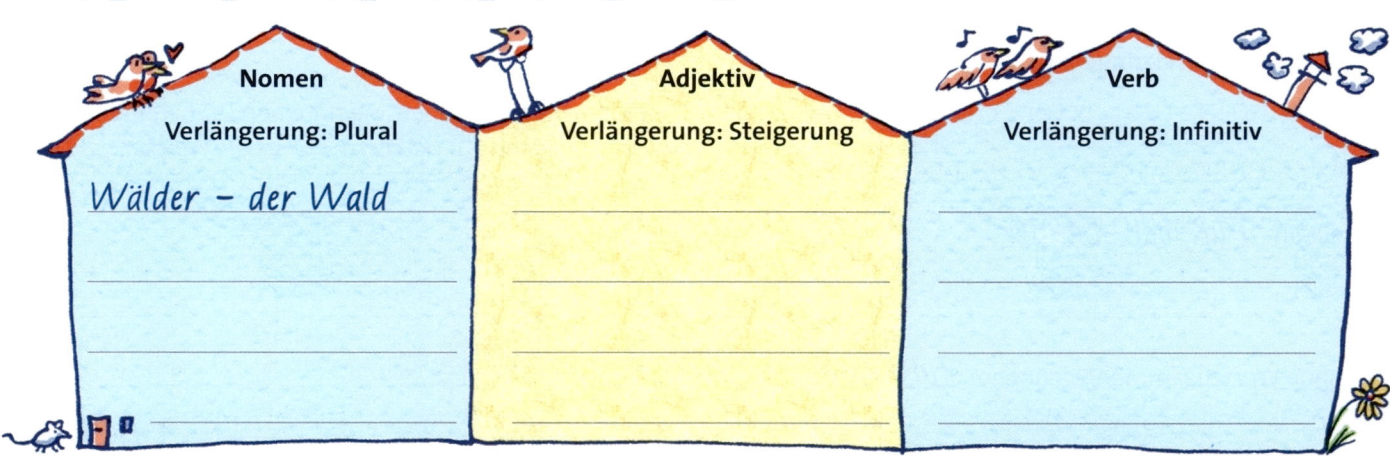

Nomen	Adjektiv	Verb
Verlängerung: Plural	Verlängerung: Steigerung	Verlängerung: Infinitiv
Wälder – der Wald		

2 **a** Kläre für jedes der folgenden Lückenwörter die Schreibweise durch Verlängern:
Notiere zuerst wie im ersten Beispiel im vorgegebenen Kasten die jeweilige Verlängerung.
Tipp: Einige Wörter musst du zerlegen (▶ S. 67), bevor du sie an der fraglichen Stelle verlängern kannst.
b Ergänze dann jedes Lückenwort durch den richtigen Buchstaben.

Der spuckende Berg vor Matupit

Der Win**d** [*windig*] kommt an diesem Aben____ [   ] aus Nor____west [   ]. Ein

Glück! So trei____t [   ] er die Rauchwolke des Vulkans Tavurvur weg vom Stran____ [   ],

an dem Munganau ein Ba____ [   ] nehmen will. Vergnü____t [   ] springt er ins

Wasser, über den schwarzen San____ [   ]. Der Ascheregen hat die Hal____insel [   ]

Matupit in Papua-Neuguinea in eine schwarze Ö____nis [   ] verwandelt. Munganau kennt sein

Lan____ [   ] gar nicht anders. Er ist mit dem spuckenden Ber____ [   ] auf-

gewachsen. Trauri____ [   ] ist er, weil seine Schule bei einem Ausbruch zerstört wurde.

Verwandte Wörter suchen

Wissen und können   **Ableitungsprobe (1): Den Wortstamm prüfen**

- Wenn du unsicher bist, wie ein Wort geschrieben wird, hilft oft die Suche nach einem verwandten Wort. Du kannst die Schreibweise davon ableiten (Ableitungsprobe).
- Der **Wortstamm** (= Grundbaustein) wird **in verwandten Wörtern gleich** oder **ähnlich** geschrieben, z. B. be**rühm**t, **Ruhm**, **rühm**lich, **ruhm**reich.

1 Kläre die Schreibweise der Wörter A bis F mit der Ableitungsprobe (1).
Notiere wie im folgenden Beispiel ein verwandtes Wort und streiche jeweils die falsche Schreibweise.

~~Weinachten~~ oder Weihnachten? *einweihen (die geweihte Nacht), Hauseinweihung*

A Mitwoch oder Mittwoch? _____

D Flugzeug oder Flukzeug? _____

B Erlepnis oder Erlebnis? _____

E Abziebild oder Abziehbild? _____

C Gießkanne oder Gieskanne? _____

F Nähnadel oder Nänadel? _____

Wissen und können   **Ableitungsprobe (2): *e* oder *ä*, *eu* oder *äu*?**

Wenn du unsicher bist, ob ein Wort mit **ä** oder **e** bzw. **äu** oder **eu** geschrieben wird:
- Ein Wort wird **mit *ä*** geschrieben, wenn es ein verwandtes Wort mit *a* gibt: *der Graf – die Gräfin*.
- Ein Wort wird **mit *äu*** geschrieben, wenn es ein verwandtes Wort mit *au* gibt: *der Schaum – schäumen*.
- Wenn es **kein verwandtes Wort mit *a* oder *au*** gibt, schreibt man das Wort **meist mit *e* oder *eu*,** z. B.: *heute, Eule*.

2 In jeder der folgenden Zeilen A bis E ist ein Wort falsch geschrieben.
Beweise für jedes Wort die Schreibweise mit der Ableitungsprobe.
Streiche wie im Beispiel A das Fehlerwort durch und schreibe es verbessert auf.
Tipp: Schlage in einem Wörterbuch nach, falls du unsicher bist.

VORSICHT
FEHLER!

A	schwärmen	schäumen	schwächeln	~~schemen~~
	Schwarm	*Schaum*	*–*	*Scham, schämen*
B	Bäder	bleulich	bärtig	Blende
C	Päckchen	Pässe	pepstlich	Perle
D	gräulich	Gäbelchen	Gleubigkeit	Geräusch
E	Männchen	Meuserich	Meute	Mäuerchen

Fremdwörter richtig schreiben

| **Wissen und können** | **Fremdwörter** |

- Fremdwörter sind **Wörter, die ihren Ursprung in einer anderen Sprache haben,** z. B.:
  Gymnastik (griech.), *diskutieren* (lat.), *Garage* (frz.), *Spaghetti* (ital.), *Snowboard* (engl.).
- Viele Fremdwörter werden aus einer anderen Sprache übernommen, weil sie etwas bezeichnen,
  für das es kein einfaches deutsches Wort gibt, z. B.: *Scanner* (statt *Datenerfassungsgerät*).
  Andere werden verwendet, weil sie modern klingen oder aktuell wirken, z. B.: *Service-Point* (statt *Auskunft*).
- Zahlreiche Fremdwörter (v. a. Fachbegriffe) erkennt man daran, dass sie sich in **Aussprache** und **Schreibung**
  nach den **Regeln** ihrer **Herkunftssprache** richten, z. B.: *Strophe, Theater.*
- Bei **Unsicherheiten** in der Schreibung sollte man in einem **Wörterbuch** nachschlagen.

1 Je nach Herkunft haben Fremdwörter unterschiedliche Merkmale.
Ordne die folgenden Fremdwörter in die nachstehende Liste ein.
Falls du dir nicht sicher bist, schlage in einem Wörterbuch nach.

Kontrolleur • negativ • Ingenieur • Generation • Industrie • Rhythmus • Community • Hype • Pädagogik

Griechisch:	**Latein:**	**Französisch:**	**Englisch:**
häufig Wörter, die man mit *th, ph, rh, y* schreibt und die auf *-ik* enden	oft geschrieben, wie man sie spricht; typische Nachsilben *-iv, -ie, -ion*	häufig Wörter mit *ille, illo, eau, ette, oul, uin,* oder mit *ch* beginnend bzw. mit *-eur* endend	häufig Wörter, die man mit *ch, sh, oa, ea, ou* schreibt und die auf *-y, -ing, -ity* enden

_____ _____ _____ _____

_____ _____ _____ _____

2 a Verbinde die Wortbausteine zu einem Fremdwort und ordne die jeweils passende Bedeutung zu.
b Vier Bedeutungen fehlen. Füge diese selbst hinzu. Falls nötig, schlage in einem Wörterbuch nach.

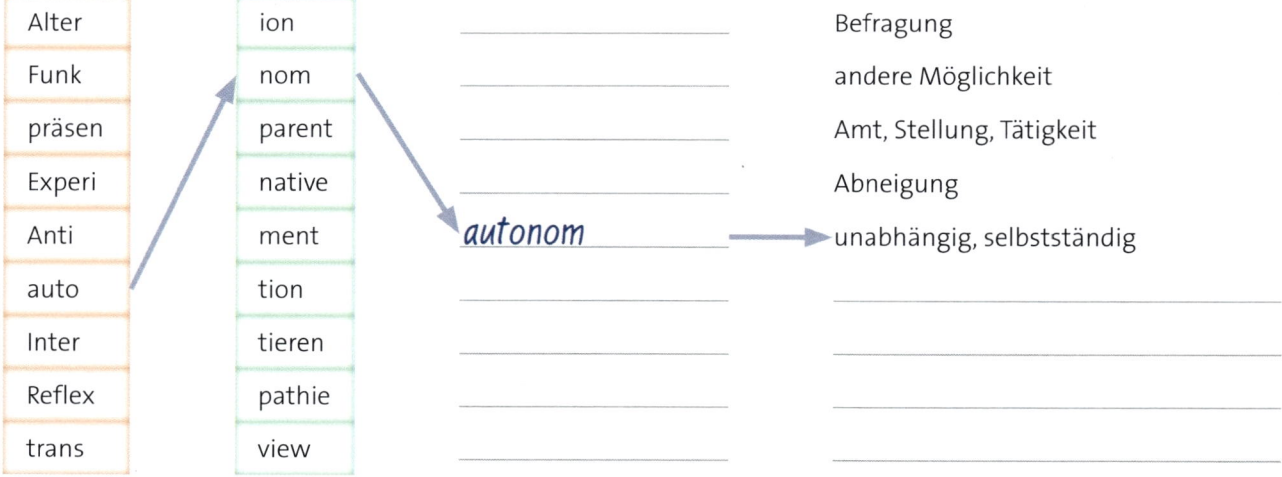

Alter	ion		Befragung
Funk	nom		andere Möglichkeit
präsen	parent		Amt, Stellung, Tätigkeit
Experi	native		Abneigung
Anti	ment	*autonom* →	unabhängig, selbstständig
auto	tion		
Inter	tieren		
Reflex	pathie		
trans	view		

3 a Notiere für diese Fremdwörter eine deutsche Übersetzung: *Coffee to go, Community, Ticket, Location, chillen.*

_____

b Begründe, in welchen Gesprächssituationen du das Fremdwort oder die deutsche Übertragung verwenden würdest.

Üben macht sicher – Regeln zum Rechtschreiben

Kurze Vokale

Kurze Vokale – Doppelte Konsonanten

- Nach einem **betonten kurzen Vokal** folgen fast immer **zwei** oder mehr Konsonanten. Beim **deutlichen Sprechen** kannst du sie meist gut **unterscheiden**, z. B.: *wandern, hüpfen, Kunst*.
- **Hörst** du nur **einen Konsonanten,** wird er **verdoppelt**, z. B.: *schnell, rennen, Mitte*.

1

a **Lies die folgende Spielanleitung laut vor: Sprich deutlich.**
b **Unterstreiche alle Wörter mit einem kurzen betonten Vokal.**

Holzwurm – ein Würfelspiel für zwei und mehr Kinder

Alle Spieler bekommen drei Hölzchen. Gespielt wird mit drei Würfeln.

Würfelt der Spieler eine Eins, gibt er dem rechten Mitspieler ein Hölzchen.

Wirft er eine Zwei, erhält der Spieler links ein Hölzchen.

Kommt eine Drei, muss ein Hölzchen in die Mitte gelegt werden.

5 Bei einer Vier, Fünf oder Sechs passiert nichts. Ein Spieler ohne

Hölzchen wartet so lange, bis er wieder eines erhält. Wer am Ende

noch ein Hölzchen hat, ist der Holzwurm, der nicht vom Fleck kommt,

und hat verloren. Statt Hölzchen könnt ihr auch Klammern,

kleine Untersetzer oder Münzen benutzen. Viel Spaß!

c **Trage die von dir markierten Wörter in die folgende Übersicht ein.**
d **Setze bei jedem Wort in der Übersicht einen Punkt unter den betonten kurzen Vokal.
Markiere die Konsonanten, die ihm folgen, z. B.:**

Wörter mit zwei oder mehr verschiedenen Konsonanten nach einem betonten kurzen Vokal

Holzwurm (2x),

Wörter mit verdoppeltem Konsonanten nach dem betonten kurzen Vokal

alle,

2 Suche zu jedem der vier Wörter in der Abbildung je drei Reimwörter mit *ck* und *tz*.
Trage sie in die folgende Tabelle ein.
Achtung: In der Regel schreibt man *ck* statt *kk* (z. B. *Zucker*) und *tz* statt *zz* (z. B. *Netze*).
Am Zeilenende wird *ck* nicht getrennt, z. B.: *Schne-cke, bli-cken, So-cken, erschro-cken.*

Spatzen
K _____
schm _____
T _____

lecken
schm _____
D _____
w _____

backen
kn _____
p _____
M _____

Ritz
sp _____
W _____
B _____

Wissen und können Fremdwörter mit *k* oder *kk* nach kurzem Vokal

- Bei vielen **Fremdwörtern** steht **nach kurzem betontem Vokal** ein **einfaches *k***, z. B.: *aktuell, Anorak*.
- Bei **wenigen Fremdwörtern** folgt ein *kk* mit nachfolgendem Vokal, z. B.: *Akkord, Mokka*.
- Schlage im **Wörterbuch** nach, wenn du unsicher bist.

---

3 **a** Im folgenden Gitterrätsel findest du elf Fremdwörter mit *k* oder *kk*.
Verwende zwei Farben und markiere senkrecht vier Wörter und waagerecht sieben Wörter.
Aufgepasst: In zwei der waagerechten Wörter versteckt sich ein zweites Wort mit *kk*. Findest du es?

	A	B	C	D	E	F	G	H	I	J	K	L	M	N	O	P	Q
1	P	A	K	K	O	R	D	E	O	N	O	E	R	T	H	A	N
2	E	X	O	K	T	A	V	E	R	U	M	D	I	R	E	K	T
3	R	E	N	A	L	S	M	R	M	T	E	D	N	E	K	O	I
4	F	I	T	H	E	I	T	M	A	K	K	U	S	A	T	I	V
5	E	V	A	M	A	K	K	A	R	O	N	I	E	N	I	M	K
6	K	A	K	E	N	D	I	K	O	R	R	E	K	T	K	E	G
7	T	U	T	R	A	K	T	O	R	D	E	I	T	R	A	P	A

b Trage die Fremdwörter in die folgende Übersicht ein. Achte auf die Groß- und Kleinschreibung.

Fremdwörter mit *kk*

_____

_____

Fremdwörter mit *k*

_____

_____

Lange Vokale

Schreibweisen bei betonten langen Vokalen

In den meisten Wörtern wird der **betonte lange Vokal** oder **Umlaut** nur *mit einem Buchstaben* geschrieben.
Danach **folgt** meist nur **ein Konsonant,** z. B.: *die Frage, böse, raten, der Zug.*
Das gilt besonders für einsilbige Wörter, z. B.: *her, los, für, nur, gut.*

1 Bilde Wörter mit den folgenden Silben und den Silben in der Tabelle. Achte auf die Groß- und Kleinschreibung.
Tipp: Manche Silben können mehrfach kombiniert werden.

na- • ho- • ha- • dü- • blu- • tö- • kro- • ma- • spü- • spu- • hü- • pla- • spa- • da- • kru- • do-

-ren	-len	-ten	-se	-ne	-me

Wörter mit *h*

Wörter mit *h*

- Das *h* steht vor allem vor den **Konsonanten *l, m, n* und *r*.**
- Es bleibt auch in **verwandten Wörtern** erhalten, z. B.: *Jahr/jährlich, Ruhm/rühmen, Wahl/wählen.*
- Bei einer **kleinen Gruppe** von Wörtern folgt **nach den betonten langen Vokalen *a, e, o, u*** sowie den Umlauten **ä, ö, ü** ein ***h*,** z. B.: *sehr, wohl, ungefähr, ähnlich.*

2 **a** Unterstreiche im folgenden Text Wörter mit einem *h* hinter dem betonten langen Vokal.
b Umkreise diejenigen dieser Wörter, in denen *l, m, n* oder *r* auf das *h* folgt.

Schon die Römer nahmen sich gern Zeit zum Spielen. Das wahrscheinlich beliebteste

Spiel ist unserem „Mühle" sehr ähnlich: Jeder Spieler erhält drei Mühlsteine, z. B. gewöhn-

liche Bohnen oder schwarze und weiße Steinchen. Als Spielfeld nehmt ihr ein Blatt Papier,

auf dem ihr wie auf dem Bild Linien malt. Zu Beginn werden die Spielsteine abwechselnd auf die Schnittpunkte

5 der Linien gelegt. Danach wird nacheinander ein Stein von einem Kreuzungspunkt zum nächsten gefahren.

Kein Spieler darf aussetzen. Wer seine Mühlsteine in eine Dreierreihe bringt, hat den Ruhm des Siegers. Obwohl

die Regeln einfach sind, muss man froh sein, wenn man die Konzentration wahrt; sonst hat man schnell verloren.

Wörter mit Doppelvokal

Wissen und können	Doppelvokal *aa, ee, oo*

Es gibt **nur wenige Wörter,** in denen der lang gesprochene **Vokal verdoppelt** wird.
Merke sie dir gut:

- **aa:** *der Aal, das Haar, das Paar, der Saal, die Saat, der Staat, die Waage.*
- **ee:** *die Beere, das Beet, die Fee, das Heer, der Klee, das Meer, der Schnee, der See, die Seele, der Speer, der Teer.*
  Oftmals haben **Fremdwörter** das *ee* im Wortausgang, z. B.: *die Idee, der Kaffee, der Tee, das Püree, die Allee.*
- **oo:** *das Boot, doof, das Moor, das Moos, der Zoo.*

1 **a** Bilde wie im Beispiel zu A zu den folgenden Nomen mit Doppelvokal den Plural.
Tipp: Schlage im Wörterbuch nach, falls du unsicher bist.

Singular	Plural	Singular	Plural
A das Haar	*die Haare*	D das Meer	
B der Speer		E die Saat	
C die Seele		F der Staat	

b Notiere die Verkleinerungsformen zu folgenden Nomen.
Schlage im Wörterbuch nach.

A das Haar → *das Härchen*   C das Paar → _____

B der Saal → _____   D das Boot → _____

2 Bilde Adjektive aus den angebotenen Wortstämmen und Endungen.
Einige Wortbausteine kannst du mehrfach verwenden.

haar- • staat- • feen- • seelen- • moor- • moos-• schnee- • meer- • see- • klee- • erdbeer-	-ig • -lich • -haft • -blättrig •-grün • -blau •-ruhig • -bedeckt • -fein

haarig, _____

_____

3 Gesucht sind Wörter mit der in A bis E beschriebenen Bedeutung, die auf *-ee* enden.
●●● Setze sie aus dem Buchstabensalat am Ende der Zeile zusammen und schreibe sie auf.

A koffeinhaltiges Getränk: _____ | FFAKEE |

B Straße mit Bäumen: _____ | EELLA |

C Stoff für Handtücher: _____ | TTEEROF |

D ein neuer Gedanke: _____ | DEEI |

E Konzertreise: _____ | TUEERNO |

Wörter mit langem *i*

1 Ergänze die richtige Schreibweise des langen *i*-Lauts in den folgenden Gedichten: *ie*, *i* oder *ih*?

Boy Lornsen

Das Geheimnis

Sagst du's m___r?

Dann schwör ich d___r,

will's weder ___m noch ___r,

will's n___mandem verraten.

Sagst du's m___r?

Sofort?

Gleich h___r?

Manfred Schlüter

Schicksal

Das Blatt Pap___r, noch unbeschr___ben,

wäre gern so weiß gebl___ben,

ger___t jedoch in meine Hände –

und mit der Weißheit war's zu Ende.

2 Notiere zu den Nomen A bis F passende Verben, die mit *ie* geschrieben werden.

A Flugzeug _____

B Geruch _____

C Frost _____

D gebogen _____

E Waage _____

F kroch _____

3 Bilde zu den folgenden Nomen Verben, die auf auf *-ieren* enden.
Schreibe sie in alphabetischer Reihenfolge auf.
Tipp: Viele Verben haben die Endung *-ieren*, z. B.: *amüsieren, dosieren, musizieren*.

Transport • Adresse • Jubel • Linie • Charakter • Experiment • Platz • Diktat • Schatten •
Zensur • Fotograf • Watte • Galopp • Information • Quittung • Kasse • Nummer • Maske •
Block • Operation • Respekt • Variation • Uniform • Haus

adressieren _____

_____

_____

4 Finde mit Hilfe der Beschreibungen A bis I Wörter, bei denen das lang gesprochene *i* durch den Einzelbuchstaben *i* wiedergegeben wird.
Tipp: Das Lösungswort bezeichnet etwas zum Lesen.

A mit Schokolade überzogene Süßigkeit

B Treibstoff, z. B. für Autos

C Maßeinheit für Flüssigkeit

D getrocknete Traube

E du und ich

F großer altägyptischer Grabbau

G 1000 Meter sind ein ...

H zum Klingen gebrachte Noten

I großes Reptil, das in tropischen Gebieten lebt

Lösungswort:

Wissen und können	Wörter mit langem *ieh*

Es gibt nur **wenige** Wörter, in denen das **lang gesprochene *i* mit *ieh*** geschrieben wird, z. B.: *Vieh*.
Meistens kommt diese Buchstabenkombination **in Verbformen** vor, z. B.: *Sieh!, er stiehlt, es gedieh*.
Achte auf den Vokalwechsel bei diesen Verben, z. B.: *sehen → er sieht; gedeihen → sie gedieh*.

---

5 Vervollständige in der folgenden Tabelle die fehlenden Infinitive und Personalformen.

Infinitiv	2. Person Singular Präsens	3. Person Singular Präsens	3. Person Singular Präteritum
ziehen	*du ziehst*		
	du siehst		
stehlen			
empfehlen			
leihen			
			er floh
	du verzeihst		

Training: Lange Vokale sicher schreiben

1 **a** Löse das Silbenrätsel. Notiere mit Hilfe der folgenden Silben zu jeder Erklärung A bis H das passende Wort.
b Kreise bei jedem Wort die Schreibweisen der langen Vokale ein.

| höh • Bä • ren • le | beer • ge • Him • lee | scho • Knie • ner | ger • sohn • Schwie |

| ~~der • abend • Lie~~ | tat • Wohl | gut • Leer | ge • Möh • mü • ren • se |

A Veranstaltung, bei der zu später Stunde gesungen wird: *Liederabend*

B eingedickter Fruchtsaft aus kleinen roten Früchten: _____

C Mann der Tochter: _____

D Unterschlupf für große Säugetiere mit braunem oder weißem Fell: _____

E gekochte Karotten: _____

F etwas, das einem anderen guttut: _____

G Schutzbekleidung in der Mitte der Beine: _____

H Flaschen, in denen nichts mehr ist: _____

2 In dem folgenden Rätselgedicht geht es um Wörter mit und ohne *h*.
Lies das Gedicht aufmerksam, denn es hilft dir an vielen Stellen zu entscheiden,
wo du (k)ein *h* oder einen zweiten Vokal (Doppelvokal) eintragen musst.

Karlhans Frank

Rechtschreibrätsel

Es fe__lt in Rom, im Do__m, in Scha__m,

es steckt in Bo__nen, Sa__ne, Ra__m,

und mit i__m zie__t man lang das O__r

(ganz anders de__nt sich aus das Mo__r,

5 auch das Mo__s, das macht's wie do__f),

dafür ste__t's falsch, ste__t es im Ho__f...

Das Scha__f braucht's nicht, jedoch der Ha__n,

der Wa__l hat's nicht einmal im Tra__n,

der Ka__n schwimmt mit, der Schwa__n schwimmt ohne

10 (ein ro__tes Bo__t dro__t mit Kano__ne ...)

Ja, wer die Wa__l hat, hat die Qua__l,

bei ka__m und la__m und Scha__l und Pfa__l ...

Der So__n, der hat's, sein Saxofo__n

hat's nicht einmal beim schrägsten To__n ...

15 Ganz unbeque__m wär's bei beque__m ...

Der Töpfer findet es im Le__m ...

Der Ma__ler braucht es zum Beza__len,

und wenn er Korn zu Me__l will ma__len,

ansonsten würde es i__n stö__ren

20 (es sei denn, er kocht gerade Mö__ren ...)

Die Schreibung der s-Laute: s und ß

1 Notiere die gesuchten Wörter: Jedes Lösungswort A bis E enthält einen s-Laut.
Tipp: Wende in Zweifelsfällen die Verlängerungsprobe an.

Verlängerungsprobe

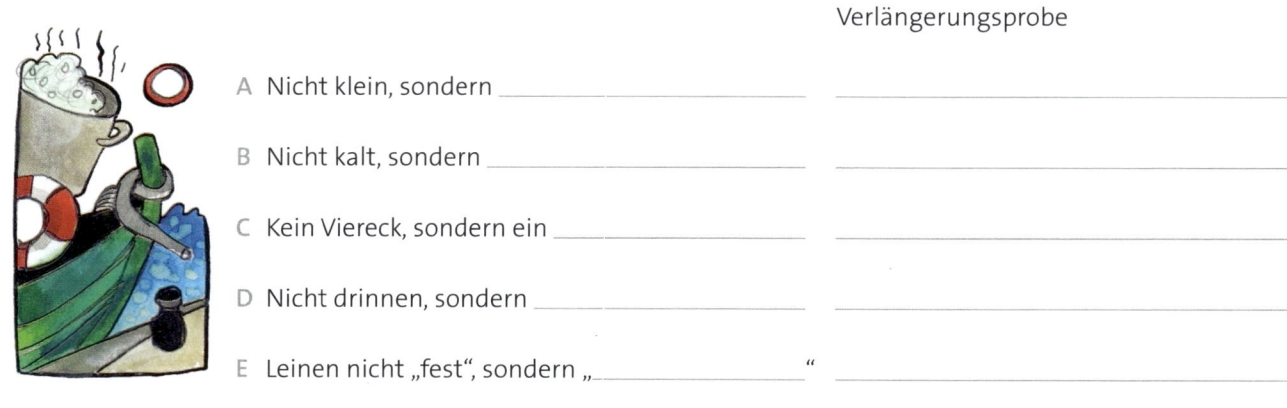

A Nicht klein, sondern _____ _____

B Nicht kalt, sondern _____ _____

C Kein Viereck, sondern ein _____ _____

D Nicht drinnen, sondern _____ _____

E Leinen nicht „fest", sondern „_____" _____

2 Entscheide wie im Beispiel A mit Hilfe der Verlängerungsprobe, ob die Wörter B bis L mit s oder mit ß enden. Notiere die Verlängerungen zu den Wörtern.

A Prei *s* – *Preise*   E Ma ___ – _____   I Fu ___ – _____

B Spa ___ – _____   F Gla ___ – _____   J Gru ___ – _____

C Klo ___ – _____   G Flei ___ – _____   K Hau ___ – _____

D Gan ___ – _____   H Grei ___ – _____   L Gefä ___ – _____

3 ●●● s oder ß? In der abgebildeten Wörterflagge wechseln sich Nomen und Verben ab. Schreibe die Wörter auf. Achte auf die richtige Groß- und Kleinschreibung.

na?ebewei?engemü?ehei?enhal?win?elnfü?egrü?enmei?ebei?endo?eschlie?enmai?brem?enbla?e

_____
_____
_____

Wissen und können	Schreibweisen für den s-Laut nach einem betonten kurzen Vokal: ss

Nach einem betonten kurzen Vokal wird das **stimmlose s** (= harter, gezischter s-Laut) meist mit **ss** geschrieben, z. B.: mụssen, Wạsser, Kịssen, Flụss, Kụss.

4 **a** Finde zu den Wörtern *Bass* und *Schluss* jeweils weitere Reimwörter und schreibe sie auf.

A Bass   F_____   n_____   kr_____   A_____

B Schluss   Sch_____   K_____   Fl_____   m_____

A *Bässe,* _____

B _____

b Alle Reimwörter sind Einsilber. Schreibe die verlängerte Form auf
und setze wie im ersten Beispiel zu A einen Punkt unter den betonten kurzen Vokal.

s-Laute sicher unterscheiden

5 Kläre die Schreibweise der Lückenwörter in dem folgenden Dialog:
a Prüfe, ob die Vokale vor den fehlenden s-Lauten kurz oder lang gesprochen werden.
  – Setze einen Punkt unter kurz gesprochene Vokale (dann: ss) und
  – unterstreiche lang gesprochene Vokale/Diphthonge (dann: s oder ß).
  Tipp: Diphthonge wie *au*, *äu*, *eu*, *ei* werden immer lang gesprochen.
b Füge im Dialog die fehlenden s-Laute ein.

EMMA: Lass uns im Computerspiel Pflanzen gie_ß__en.

   Sie werden dann virtuell aus dem Boden schie____en!

TOM: Das macht mir aber ķeinen Spa____!

EMMA: Doch ich seh' gern die Blumen sprie____en!

5 TOM: Du und dieses Computerspiel – ohne Ma____!

EMMA: Außerdem wollen die Sims etwas e____en,

   und zwar nicht irgendeinen Fra____.

TOM: Du bist von diesem Spiel bese____en!

EMMA: Ach, was kannst denn du schon wi____en?

10 TOM: Was ich weiß? Du bist sehr verbi____en.

6 **a** Bilde für die folgenden Verben die 3. Person Plural im Präteritum. Schreibe sie ins Heft.
●●● **b** Erkläre jeweils für den Infinitiv und die Personalform die Schreibweise des s-Lautes.

lassen	schmeißen	fressen	beißen	vergessen	genießen

Wissen und können	Wechsel von *ss* und *ß* in Wortfamilien

- **Nach einem betonten kurzen Vokal** wird das **stimmlose *s*** (= harter, **gezischter *s*-Laut**) mit **ss** geschrieben, z. B.: *müssen, Wasser, Kissen.*
- **Manche Verben** haben in ihren Verbformen einen **Wechsel von *ss* und *ß***, z. B.: *essen – sie aßen, reißen – wir rissen, wissen – ich weiß.*
  - **Auch bei verwandten Wörtern** können **ss** und **ß** wechseln, z. B.: *schießen – der Schuss.*
  - Auch hier gilt: Nach einem betonten kurzen Vokal schreibt man **ss,** nach einem **betonten langen Vokal** oder einem **Diphthong** schreibt man *ß*.

7 Bilde rund um das Verb *schließen* eine Wortfamilie:
Du kannst auch Wortzusammensetzungen und Ableitungen suchen.
Schreibe die neuen Wörter in das Riesenrad und achte auf den Wechsel von *ß* und *ss*.

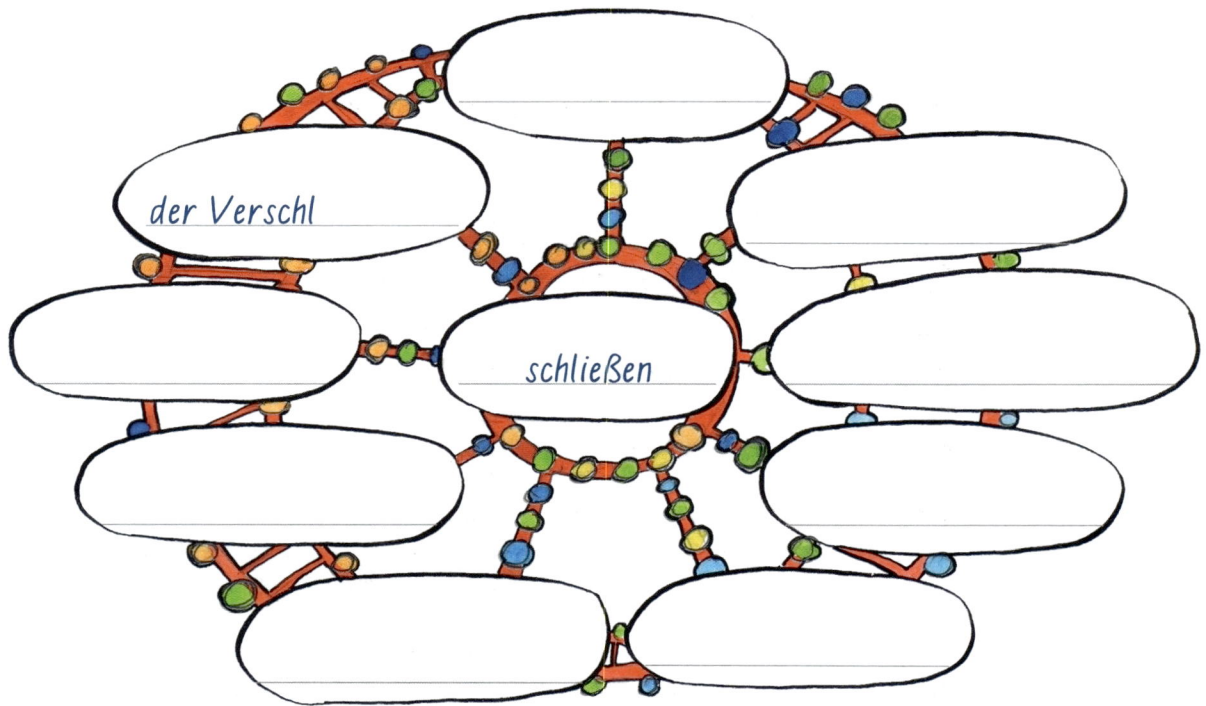

der Verschl

schließen

8 Ergänze zu jedem der folgenden Verben fünf Wörter aus der Wortfamilie.
Achte beim Aufschreiben auf den Wechsel von *ß* und *ss*.
Tipp: Der Vokal im Wortstamm kann sich bei den Wörtern einer Wortfamilie verändern.

genießen: *Genuss,* _____

fließen: _____

fressen: _____

9 Bilde mit den Wörtern aus Aufgabe 8 zwei weitere Sätze.
Versuche, jedes Wort im Satz mit demselben Buchstaben beginnen zu lassen, z. B.:

Gärtnerin Greta genoss genießerisch große grüne Gurken.

_____

_____

Rechtschreibung trainieren: s-Laute

1 Trage in die Lücken des folgenden Textes jeweils den richtigen s-Laut ein: s, ss oder ß.
Tipps: Prüfe die Länge der betonten Vokale. Wende die Verlängerungsprobe an, wenn du unsicher bist.
Schlage in Zweifelsfällen im Wörterbuch nach.

Gamen, Zocken, Daddeln – die Me____e für Computerspiele ist eröffnet

Welch ein Andrang vor den noch geschlo____enen
Toren der Gamescom, der grö____ten Computerspiel-
messe Europas! Endlo____e Menschenschlangen, gewaltige Besucherma____en, soweit das Auge reicht.

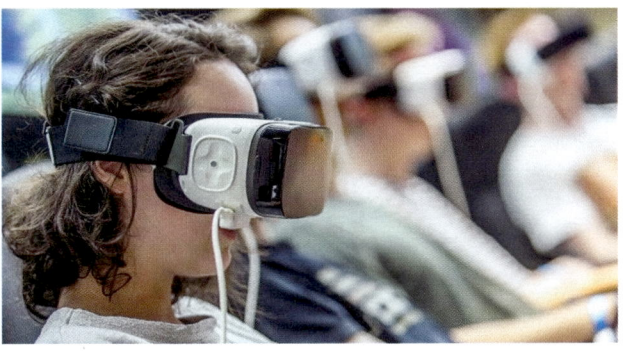

5 Tau____ende Be____ucher ver____ammeln sich nach
langer Anrei____e und trotz hoher Eintrittsprei____e

Computer Spiele Messe Gamescom 2016, Köln

schon in den frühen Morgenstunden, um einge-
la____en zu werden. Manche pre____en sich für einen
Blick auf die Prä____entationen die Na____en an den
10 Gla____türen platt, um ja nichts zu verpa____en.
Wer es hineinschaffte, konnte sich von einer rie____i-
gen Auswahl an Spielen fe____eln la____en. Schon im
vergangenen Jahr verga____en die begeisterten Ga-

mer vor den Bildschirmen jedes Ma____, soda____
mancher nach Ablauf der Spielzeit von den Wartenden
fast vom Sitz gesto____en werden mu____te.
Die Veranstalter der Gamescom feiern abschlie-
____end das au____erordentlich po____itive Ergebnis.
Im nächsten Jahr werden die Öffnungszeiten verlän-
gert.

2 Was wird hier gesucht?
● ● ● Notiere unter die Bilder das jeweilige Nomen mit dem richtigen s-Laut.

_____ - _____   _____ - _____   _____ - _____

3 Fülle die Lücken mit s-Lauten und vervollständige den zweiten Satz mit weiteren s-Wörtern.
● ● ●

Na____enbären gra____en gern, wenn der Ra____en na____ ist.

Strau____enweibchen wi____en, da _____

_____

Gleich und ähnlich klingende Laute

Wissen und können **ks: Ein Laut – fünf Schreibweisen**

- Die Buchstabenfolgen *ks, cks, gs, chs, x* werden alle **wie ks gesprochen**.
- Zu Wörtern mit *ks, cks* und *gs* kannst du oft ein **verwandtes Wort** finden, z. B.: *rings → ringen*
- Wörter mit *x* und *chs* musst du dir merken, z. B. *Taxi, Ochse*.

1 *chs* oder *x* – kannst du das folgende Rätsel lösen?

Frau auf Fluggerät	H	E	X	E			
Brennstoff für die Kerze							
Frauenwesen im Wasser							
Räume eines Arztes							
austauschen							
Fachmann							
genau							

2 *ks*, *cks* oder *gs*?

Wende die Ableitungs- oder Verlängerungsprobe an, um die richtige Schreibweise des *ks*-Lautes zu klären.

hinterrü **?** → *hinterrücks; der Rücken* _____

län **?** → _____ *; entlang; länger*

du brin **?** t → _____

du zan **?** t → _____

mitta **?** → _____

du pa **?** t → _____

du sin **?** t → _____

du sin **?** t → _____

Wissen und können **Der Buchstabe V/v – zwei Laute, eine Schreibung**

- Der Buchstabe *V/v* klingt mal **wie f** oder **wie w**. Oft steht er am **Wortanfang**.
- Er klingt z. B. wie *f* in: *Vollmond, viel*, und wie *w* in: *Ventilator, vegetarisch*.
- Im **Zweifelsfall** musst du im **Wörterbuch** das Wort entweder **unter v, f** oder **w** nachschlagen.

1 a Bilde mit Hilfe der folgenden Wörter solche mit einer neuen Bedeutung. Tausche dazu den jeweiligen Anfangsbuchstaben gegen *f* oder *v* aus. Achtung: Es kann sich auch die Wortart ändern.

Kater → *Vater* _____ Tisch → _____ Hase → _____ Tier → _____ Lokal → _____

Sahne → _____ Kiel → _____ Dom → _____ Dorn → _____ Ball → _____

Brei → _____ Tür → _____ zieh → _____ Dach → _____ nett → _____

b Unterstreiche in Aufgabe 1 a alle Wörter, in denen *V/v* wie *f* gesprochen wird.

c Umkreise dann die Wörter, in denen *V/v* wie *w* gesprochen wird.

2 Bilde je zehn Verben mit *ver-* und *vor-* und schreibe sie in dein Heft, z. B.: *verlieren, vorsingen, …*

Teste dich!

Kurze Vokale, lange Vokale, s-Laute

1 a Unterstreiche im folgenden Text sieben Fehler. (7 Punkte)
   b Schreibe die Fehlerwörter verbessert ins Heft.
      (7 Punkte)

Diebe haben kurze Stöke

Es war einmal ein König, der war der größte Herscher weit und breit. Das Geheimnis

seiner Kraft lag in einem Ring, der ihm Unverlezlichkeit verlieh. Nie zog er diesen tollen Ring aus. Nur beim Baden

muste er das Schmuckstükk ablegen. Eines Tages verließ er die Wane und ging zum Versteck, aber der Ring war

verschwunden. Der König raufte sich die Haare. Wer hatte seinen Schaz gestohlen?

2 Trage die eingerahmten Vokale mit der richtigen Schreibweise in die Lücken ein:
mit oder ohne *h*, *i* oder *ie*, einfach oder verdoppelt. (14 Punkte)

5 Sofort rannte der K____nig ö in gr____ßer o Panik zum weisen Zauberer Zafusa und berichtete,

was ____m i widerf____ren a war. Dieser beruhigte ____n i und ließ den ganzen Hofst____t a rufen.

Vor der versammelten Gruppe legte er v____le i Stöcke in die Mitte, welche alle exakt das gleiche M____ß a

hatten, vollf____rte ü einen wilden Tanz und sprach m____gische a Zauberworte. Schl____ßlich i erhielt

jeder einen Stock. Zafusa bef____l a allen D____nern i und Verwandten, am nächsten Morgen mit den

10 Stöcken w____derzukehren i .

3 Trage richtig in die Lücken des folgenden Textes ein: *ß* oder *ss*. (13 Punkte)

Der Lieblingsfrau des Königs aber erzählte der wei____e Zafusa – wobei er zu Verschwiegenheit mahnte –, dass

der Stock des Diebes über Nacht um eine Fu____länge wachsen würde. Bald werde man darum wi____en, wer es

war. Die Frau aber verriet ihr Geheimni____ den Hofdamen im Hau____, am Ende wu____te der ganze Hof Be-

scheid. Vor Sonnenaufgang, es war noch nicht hei____, lie____en sich alle im gro____en Saal nieder. Was war

15 schlie____lich geschehen? Kein Stock war gewachsen, aber einer war um einen Fu____ kürzer. „Nun wei____ ich,

wer es war!", sprach Zafusa. Woher wu____te er es?

4 Vergleiche deine Ergebnisse mit dem Lösungsheft (▸ S. 28–29). Für jede richtige Antwort bekommst du einen Punkt.

☺ 41–31 Punkte	☺ 30–20 Punkte	☹ 19–0 Punkte
Gut gemacht!	Gar nicht schlecht! Wo hattest du Schwierigkeiten? Wiederhole die passenden Übungen auf den Seiten 71–81.	Du solltest noch einmal üben! Arbeite die Seiten 71–81 erneut durch.

Groß- und Kleinschreibung

- **Satzanfänge** und **Nomen** werden **großgeschrieben.**
- **Nomen** kann man im Satz meist an Begleitwörtern **erkennen,** die ihnen vorausgehen.
  Begleitwörter sind:
  – ein **Artikel** (bestimmter oder unbestimmter, ▶ S. 29), z. B.: *die Zwerge, ein Streit.*
  – ein **Pronomen** (z. B. Possessiv- oder Demonstrativpronomen, ▶ S. 31), z. B.:
  mein Zauberstab, dieser Spruch.
  – eine **Präposition** (▶ S. 30), die mit einem Artikel verschmolzen sein kann, z. B.:
  bei Nacht, beim (bei + dem) Zauberer, im (in + dem) Kessel.
  – ein **Adjektiv** (▶ S. 30), z. B.: *ein mächtiger Zauberspruch, winzige Zwerge.*
  – ein **Zahlwort,** z. B.: *vier Winde, zwei Riesen.*

1 Umkreise im folgenden Text alle Nomen und unterstreiche ihre Begleitwörter.
Tipp: Wende eine Nomenprobe an, um Nomen ohne Begleitwort zu erkennen:
Ergänze in Gedanken z. B. einen Artikel oder ein Adjektiv. Wenn dies möglich ist,
dann handelt es sich um ein Nomen, z. B.: *Riesen und Zwerge → die Riesen – nette Zwerge.*

              die   *nette*

Es war einmal: Riesen und Zwerge im Buchstabenwettstreit

Vor tausend Jahren gab es einen großen Wettstreit zwischen den Riesen und den Zwergen hinter den sie-ben Bergen. Lange Zeit hatten die Zwerge die Vorherr-schaft über das Feld der Schrift inne, sie waren wendig

5 und schnell. Aber nach und nach wurden Buchstaben von den Riesen erobert und in ihrer geheimen Kiste versteckt. Bald entstand ein großes Durcheinander unter den Buchstaben. Ein Jammer! Drei Jahre lang suchte man kluge Schiedsrichter. Es waren Elfen und

10 sie gaben ein ausgewogenes Regelwerk vor, von dem nur in Ausnahmefällen abgewichen werden durfte. Die Elfen verkündeten ihr Regelwerk: Die Buchstaben sollten die Zwerge in ihrem Spielfeld behalten dürfen. Ein Satzanfang sowie die Namen und die Nomen durf-

15 ten jedoch mit einem riesenhaften Anfangsbuchsta-ben versehen werden. Damit Zwerg wie Riese sogleich erkennen könnte, wo ein Nomen folgt, sollte dieses durch ein Begleitwort angekündigt werden.

2 Notiere im Heft für jedes von dir umkreiste Nomen (▶ Aufgabe 1), welche Begleitwörter es hat.
●●● Benenne die jeweilige Wortart, z. B.: *Vor (Präposition) tausend (Zahlwort) Jahren, ...*

Nominalisierungen

Nominalisierungen: Großschreibung von Verben und Adjektiven

- **Verben oder Adjektive** schreibt man **groß**, wenn sie im Satz **als Nomen** verwendet werden, z. B. *das Aufräumen* (Verb), *etwas Neues* (Adjektiv). Diesen Vorgang nennt man **Nominalisierung.**
- Du kannst Nominalisierungen an den **Begleitwörtern erkennen,** die auch auf Nomen hinweisen (▶ S. 84).

Tipp: Mit Hilfe der **Artikelprobe** erkennst du auch Nominalisierungen. Wenn du in Gedanken ein Begleitwort (z. B. einen Artikel) ergänzen kannst, handelt es sich um eine Nominalisierung, z. B.:
Elefanten lieben Spielen. → *das Spielen*
Oft hat ihr Verhalten etwas Spielerisches. → *das Spielerische*

1
a Unterringle im folgenden Text 4 nominalisierte Adjektive, unterstreiche 10 nominalisierte Verben und umkreise 2 nominalisierte Partizipien
b Unterstreiche ihre Nomensignale.

Spielen Elefanten?

Elefanten sind große, schwere Tiere. Es ist kaum vorstellbar, dass gerade sie sehr viel Spaß am Spielen haben und dabei sogar Wichtiges lernen. So kann man Elefanten in freier Wildbahn beim ausgelassenen
5 Spritzen mit Wasser und Plantschen im Schlamm beobachten. Dieses Toben bringt nicht nur Abkühlung, sondern scheint den Tieren auch viel Freude zu bereiten. Junge wie alte Tiere kann man immer wieder beim Verdrehen ihrer Rüssel, beim ausgelassenen
10 Rempeln und Schubsen zusehen. Das Knüpfen und Festigen von Freundschaften spielt dabei zudem eine wichtige Rolle.

Elefanten beschäftigen sich immer mit interessanten Dingen. Großes, Rundes oder Buntes – sobald es die Aufmerksamkeit erregt, wird das Gefundene unter- 15 sucht und häufig auch zerlegt. Das alles hat seinen Sinn: Das Anwenden des im Spiel Gelernten kann später überlebenswichtig werden. Nur so weiß der Elefant, wie er an Nahrung kommt, oder er kann im Kampf mit Artgenossen seine Kräfte richtig einschätzen. 20

2 Nominalisierung oder Verb? Ergänze mit Hilfe der Wörter in Klammer die Lücken im folgenden Text.

In Indien gibt es Elefanten, die nicht nur zum _____ arbeiten , sondern auch zum Sport

eingesetzt werden. Bei der indischen Variante des Polospiels _____ zeigen die Tiere,

was sie _____ können . Sie lieben das schnelle

_____ laufen und _____ wenden

auf dem Platz. Anders als die Menschen _____ stellen

sie sich aber gegenseitig nicht das Bein und lassen auch das

_____ streiten mit dem Schiedsrichter sein.

Wissen und können	Indefinitpronomen (unbestimmte Fürwörter) als Nomenbegleiter

- **Indefinitpronomen** sind Wörter, mit denen man eine **ungefähre Menge oder Anzahl** angibt, z. B.: *etwas, alles, nichts, kein, viel, wenig, allerlei, ein paar, genug, manches.*
- Sie stehen **häufig vor nominalisierten Adjektiven**, z. B.: *etwas Gutes, **viel** Interessantes, **wenig** Neues.*

3 Setze ein Indefinitpronomen mit einem Adjektiv zusammen und schreibe diese Wendung auf.

Indefinitpronomen   Adjektiv

~~nichts~~   alles   genug   ~~neu~~   interessant   aufregend

manches   etwas   allerlei   überraschend   verwirrend   erstaunlich

wenig   viel   außergewöhnlich   gut

nichts Neues,
_____

_____

4 Setze im folgenden Lückentext die in Klammern gesetzten
••• Adjektive und Partizipien richtig in die Lücken ein.
Achte auf die Endungen und auf die Groß- und Kleinschreibung.

In Spielwarenläden kann man viel _____ | interessant |

und _____ | erstaunliches | entdecken. Es gibt

_____ | packend | Strategiespiele mit außergewöhnlich

5 _____ | aufwendig | Spielanleitungen. Es gibt

Spiele, die Kindern auf _____ | ansprechend | Art

und Weise manch _____ | lustig | und allerlei _____ | wissenswert |

vermitteln. Sehr beliebt sind Computerspiele, bei denen man in _____ | virtuelle | Welten

eintauchen kann. Doch was ist das bekannteste Spiel? Allen modernen Entwicklungen zum Trotz fehlt in kaum

10 einem Haushalt ein *Mensch ärgere dich nicht* oder eine der vielen Varianten davon. Obwohl das in Deutschland

1907 eingeführte Spiel wenig _____ | überraschend | bietet und wenig

_____ | abwechslungsreich | ist, werden pro Jahr etwa 100 000 Exemplare

verkauft. Es gibt wohl nichts _____ | spannender | als mitzufiebern, wer aus

dem Spiel geworfen wird oder als Erster alle vier Figuren ins Ziel bringt.

Kleinschreibung bei Adjektiven im Superlativ

Wissen und können	Kleinschreibung bei Adjektiven im Superlativ

- **Adjektive im Superlativ** mit **am** (z. B. *am schnellsten*) werden **kleingeschrieben.**
  Das Wort *am* ist hier kein Begleitwort, sondern es gehört zum Superlativ (2. Steigerungsstufe, ▶ S. 30).
- **Adjektive,** die aber im Satz **als Nomen verwendet** werden, schreibt man **groß** (▶ S. 84–85), z. B.:
  *Sie ist **die S**chnellste.* (Großschreibung als Nomen) ⟷ *Das ist das **klügste** Tier.* (Kleinschreibung als Adjektiv)

1 Im folgenden Gespräch spielen zwei Schüler ein Tier-Quartett, um z. B. die Schnelligkeit oder Größe zu vergleichen. Dabei verwenden sie Adjektive sowohl in ihrer nominalisierten Form als auch im Superlativ.
Ergänze die Lücken richtig. Achte darauf, ob das Adjektiv klein- oder großgeschrieben werden muss.

A schnell

Welches Tier ist von allen

am _____ ?

Der Gepard ist

der _____ .

B langsam

Weißt du, welches

das _____ unter

meinen Tieren ist?

Das Faultier könnte

am _____ sein.

C groß

Bestimmt
weißt du nicht, wer von den Fischen

am _____ ist!

Natürlich, der Walhai ist

der _____ unter

den Fischen.

D klein

Richtig, aber

das _____ unter

den Insekten kennst du nicht!

Doch! Wie der Name
schon sagt, ist die Zwergwespe

am _____ .

E gut

Du glaubst wohl,
du bist beim Kartenspielen

der _____ ?

Nein, aber meine Karten sind

am _____ .

2 Erfinde einen eigenen kurzen Dialog.
●●● Vergleiche darin z. B. das Gewicht von zwei Tieren.

Rechtschreibung trainieren: Eigendiktat

Wissen und können	Ein Eigendiktat durchführen

1 **Lies** den ganzen Text einmal durch.

2 **Lies** jeden Satz erneut und **unterteile** ihn durch Striche │ in **inhaltlich zusammengehörende, kurze Einheiten.**

3 **Präge** dir je eine **Sinneinheit** ein und **schreibe** sie aus dem Gedächtnis auf.

4 **Kontrolliere** das Aufgeschriebene genau, indem du es Wort für Wort mit dem Diktattext **abgleichst.**

5 **Verbessere** Fehlerwörter.

Tipp: Wenn du einen Lernpartner oder eine Lernpartnerin hast, könnt ihr auch ein **Partnerdiktat** durchführen. Diktiert euch gegenseitig und überprüft und verbessert die geschriebenen Texte gemeinsam.

1 Der folgende Textanfang ist bereits in Sinnabschnitte unterteilt (▶ Wissen und können, Schritt 2).
Führe die Schritte 1, 3, 4 und 5 des Eigendiktats durch.
Tipp: Achte besonders auf Nominalisierungen, wenn du dein Eigendiktat prüfst.

(erzählt nach) Oscar Wilde

Der selbstsüchtige Riese

Wenn die Kinder am Nachmittag aus der Schule kamen, │ gingen sie immer zum Spielen │ in den Garten des Riesen. │ Hier gab es Wunderschönes zu sehen: │ prächtige Blumen und zahlreiche Pfirsichbäume, │ die im Frühjahr zarte Blüten │ in den Farben Rosa und Perlweiß hervorbrachten │ und im Herbst reiche Früchte trugen. │ Die Kinder hörten den Vögeln gern beim Singen zu │ und riefen ein wenig ausgelassen: │ „Am schönsten ist es doch im Garten
5 des Riesen!" │ Doch eines Tages passierte etwas Unerwartetes. │ Der Riese kehrte nach sieben Jahren │ in sein Schloss zurück. │ Als er dort ankam, │ sah er die Kinder in seinem Garten spielen. │ „Was macht ihr hier Verbotenes?", │ schrie der selbstsüchtige Riese, │ errichtete eine hohe Mauer │ rings um den Garten │ und stellte ein Schild auf: │ Das Betreten des Gartens ist bei Strafe verboten!

2 Führe mit dem folgenden Textabschnitt ein Eigendiktat durch.

Die armen Kinder hatten nun keinen Ort mehr, wo sie etwas Schönes spielen
10 konnten. Dann kam der Frühling, nur im Garten des Riesen war immer noch Winter. Man hörte dort keine Vögel zwitschern und man sah nichts Blühendes, weil keine Kinder mehr da waren. Die Natur hatte sich zum Schlafen zurückgezogen. „Ich kann nicht verstehen, was hier Merkwürdiges passiert ist", beklagte sich der Riese, als er seinen kalten und weißen Garten erblickte.
15 Eines Morgens hörte der Riese etwas Herrliches. Er hatte ganz vergessen, wie schön das Singen eines Vogels in seinen Ohren klingen konnte! „Ich glaube, nun kommt der Frühling doch noch!", rief der Riese erfreut, sprang aus seinem Bett und guckte nach draußen. Und was sah er da? Die Kinder waren durch ein kleines Loch in der Mauer in den Garten gekrochen und saßen nun auf den Zweigen der Bäume, die vor lauter Freude wieder blühten. Der Riese konnte endlich das Erwachen der Natur
20 beobachten und bemerkte reumütig: „Ich werde sofort mit dem Niederreißen der Mauer beginnen."

Teste dich!

Groß-und Kleinschreibung

1 **Entscheide, wie die Regeln A und B richtig lauten.**
Streiche bei jeder Unterlegung das falsche Wort. (7 Punkte)

A Satzanfänge, Namen, Nomen und Nominalisierungen werden kleingeschrieben/großgeschrieben.

B Nominalisierungen haben dieselben/andere Begleiter wie Nomen. Es sind:

– Relativpronomen/Artikel,

– Pronomen/Personalformen,

– Präpositionen/Konjunktionen,

– Adjektive/Adverbien,

– Zeitwörter/Zahlwörter.

2 **Im Folgenden ist bis auf die Satzanfänge alles kleingeschrieben. (12 Punkte)**
a Markiere alle Nomen und Nominalisierungen mit ihren Begleitwörtern.
b Schreibe die Sätze richtig auf.

Jedes jahr wird von einer jury das spiel des jahres gewählt. Zur wahl steht allerlei interessantes.
Die kritiker haben eine große verantwortung.
Der preis hat schon manch unbekanntem unter den spielemachern zum erfolg verholfen.

_____

_____

_____

3 **Streiche im nachstehenden Text die falschen Buchstaben der markierten Wortanfänge durch. (12 Punkte)**

Eine ganz andere Art, sich mit s/Spielen die Zeit zu vertreiben, sind Rollenspiele. Was den u/Unbeteiligten als

höchst s/Seltsam erscheinen mag, ist für viele b/Begeisterte das n/Normalste der Welt. An den Wochenenden

verkleiden sich Fantasyfreunde und erleben als f/Freche Elfen, als Zauberer oder Ritter die s/Spannendsten Aben-

teuer. So kann es z. B. darum gehen, dass eine Gruppe eine Fee befreien soll, während die andere Gruppe dies ver-

hindern will. Dazu lassen sich die „Helden" natürlich allerlei l/Listenreiches und manch w/Wagemutiges einfal-

len. Das w/Wichtigste aber ist, dass nicht das g/Gelingen des Plans, sondern vor allem der Spaß am a/Ausleben

der gewählten Rolle das Ziel des Spiels darstellt.

4 **Kennzeichne alle Indefinitpronomen, die im Text zu Aufgabe 3 vorkommen. (3 Punkte)**

Vergleiche deine Ergebnisse mit dem Lösungsheft. Für jede richtige Antwort bekommst du einen Punkt.

☺ 34–26 Punkte	☻ 25–17 Punkte	☹ 16–0 Punkte
Gut gemacht!	Gar nicht schlecht! Wo hattest du Schwierigkeiten? Wiederhole die passenden Übungen auf den Seiten 84–88.	Du solltest noch einmal üben! Arbeite die Seiten 84–88 erneut durch.

Jahrgangsstufentest

Einen Jahrgangsstufentest meistern

Zu Beginn der 6. Klasse wird im Fach Deutsch bayernweit ein **Jahrgangsstufentest** abgehalten.
Dieser stützt sich auf die in der 5. Jahrgangsstufe erworbenen Fähigkeiten, Texte genauer zu lesen und sprachliche Probleme zu meistern. Der Test gliedert sich in vier Teilbereiche:

1 Textverständnis,
2 Ausdrucksvermögen,
3 formale Sprachbeherrschung,
4 Rechtschreibung und Zeichensetzung.

Der folgende Test hilft dir anzuwenden, was du im Fach Deutsch schon alles gelernt hast.
Es begegnen dir **verschiedene Aufgabenarten,** z. B.:
– in einer Auswahl von Antworten die richtige ankreuzen (Multiple Choice),
– Abbildungen erklären,
– Ausdrücke oder Rechtschreibfehler verbessern,
– Synonyme finden.
Lies die Texte und die Aufgabenstellungen stets sehr **aufmerksam.**
Überlege, bevor du vorschnell ankreuzt, ob du **genau verstanden** hast, was verlangt wird.
Tipp: Stelle Aufgaben, die du nicht auf Anhieb lösen kannst, zurück und bearbeite sie zum Schluss.
Du kannst deine Antworten mit Hilfe des Lösungsheftes selbst prüfen und anhand der erreichten Punktzahl deinen **Lernstand bewerten.**
Stelle deine Fehlerschwerpunkte selbst fest und notiere, was du wiederholen und üben solltest.

Das „Kachlet" bei Vilshofen

Bei Vilshofen rauscht die Donau zwischen mächtigen Granitbergen in einer wilden, klippenreichen Enge dahin. Früher einmal war dieser Teil des Stromlaufes den Donauschiffern sehr gefährlich, heutzutage aber wird er nicht mehr gefürchtet, denn ein Wehr staut das Wasser neun Meter hoch, sodass die Schiffe an keiner Klippe mehr zerschellen können.

Auf der ersten hohen Felswand am Beginn der Stromenge hatte vor vielen, vielen Jahren der Teufel sein Lieblingsplätzchen. Von dort oben sah er jedes Schiff in die gefährliche Enge einfahren, und wenn er wollte, konnte er es jederzeit zerschmettern. Die Schiffer blickten denn auch immer voller Angst zur Höhe des Felsens empor. Sahen sie oben den Teufel hocken, dann wussten sie, dass ihnen ein Unheil drohte.

Als Kaiser Rotbart[1] seinen Kreuzzug ins Heilige Land unternahm, fuhr auch er, an der Spitze vieler Fürsten, Ritter und Priester, mit vierzigtausend Kriegern die Donau abwärts. Auf allen Schiffen blitzte und funkelte es von Waffen und Rüstungen, und die Fahne der Kreuzfahrer flatterte weithin sichtbar im Wind. Während die Schiffe des Kaisers an Vilshofen vorüberglitten, war der Himmel über dem Donautal von der untergehenden Sonne blutrot gefärbt.

Auch diesmal hockte der Teufel oben auf der steilen Felswand und blickte hinunter auf den schäumenden Strom. Als er die Kreuzfahrer sah, wusste er sogleich, was sie vorhatten, und er beschloss, mit aller Gewalt ihre Weiterfahrt zu verhindern. Zuerst tobte und lärmte er so sehr, dass den Männern an den Rudern und Steuern ganz unheimlich zumute wurde. Weil sie sich dadurch aber trotzdem nicht beirren ließen, richtete sich der Teufel in seiner ganzen riesigen Größe auf, riss mit unheimlicher Kraft den Gipfel des Felsens los und hob ihn mit beiden Händen hoch, um ihn im nächsten Augenblick in die Tiefe zu schleudern und das Schiff, auf dem sich der Kaiser befand, damit zu zerschmettern.

35 Als die Kreuzfahrer den Satan mit dem mächtigen Felsblock in den Händen oben auf der Wand erblickten, standen sie wie gelähmt. Nur der Kaiser verlor keinen Augenblick die Fassung. Er griff blitzschnell nach dem goldenen Kreuz auf seiner Brust und hielt es wie einen Schild dem Teufel entgegen. Im selben Augenblick entglitt der Felsblock den Händen des Teufels. Jener sauste in die Tiefe und zerbarst über den Köpfen der frommen Krieger; seine Trümmer aber prasselten wie riesige Schloßen[2] zu beiden Seiten der Schiffe ins Wasser. Jetzt erkannte der Teufel in ohnmäch-

40 tiger Wut, dass eine höhere Macht die Kreuzfahrer beschützt hatte, und er verschwand mit Pech- und Schwefelgestank von der Höhe der steilen Wand. `5`

Die Trümmer des Felsens aber, mit dem er den Kaiser und sein Gefolge hatte vernichten wollen, ragten noch jahrhundertelang als gefährliche Klippen aus den Fluten der Donau heraus. Das Volk nannte sie „das Kachlet". `6`

1 Kaiser Rotbart: Name für Friedrich I., auch genannt Barbarossa (*um 1122; †10. Juni 1190); war 1152 bis 1190 römisch-deutscher König und von 1155 bis 1190 Kaiser des römisch-deutschen Reiches.   2 die Schloße (plural Schloßen): Hagelkorn

Kompetenzbereich I: Textverständnis

1 Kreuze die richtige Antwort an. Setze nur ein Kreuz.

Die Sage versuchte den Menschen in früheren Zeiten zu erklären,

☐ dass es entlang der Donau gefährliche Felswände gibt.

☐ dass es gefährlich sein kann, mit dem Schiff von Vilshofen nach Passau zu fahren.

☐ weshalb es an dieser Stelle der Donau so viele gefährliche Felsen gibt.

☐ warum man keine Angst vor dem Teufel haben muss.

2 Der Text ist in sechs Absätze gegliedert. Gib an, welcher Absatz zu welcher Überschrift passt.

☐ die Abwehr des Teufels durch den Kaiser

☐ die Kreuzfahrer auf dem Weg ins heilige Land

☐ die heutige Situation für die Schifffahrer

☐ die Angst der Schiffer vor dem Teufel

☐ die langfristigen Folgen des Felsenwurfs

☐ der Teufel bedroht Kaiser Rotbarts Gefolge

3 Bestimme den Zusammenhang zwischen dem zweiten und dem vierten Absatz. Kreuze die richtige Antwort an.

☐ Absatz vier schränkt die Aussage des zweiten Absatzes ein.

☐ Absatz vier fasst den zweiten Absatz zusammen.

☐ Absatz vier liefert ein Beispiel für die im zweiten Absatz dargestellte Situation.

☐ Absatz vier widerspricht der Aussage des zweiten Absatzes.

4 Welche Absätze beantworten die folgende Frage am genauesten? Setze zwei Kreuze.

Weshalb befanden sich am sogenannten „Kachlet" so viele gefährliche Felsen in der Donau?.

☐ Absatz 2   ☐ Absatz 4   ☐ Absatz 5   ☐ Absatz 6

5 Prüfe die folgenden Aussagen anhand des Textes und kreuze das Zutreffende an. Setze jeweils ein Kreuz.

A Heutzutage fürchten sich die Menschen in der Gegend um Vilshofen nicht mehr vor dem Teufel.   ☐ richtig   ☐ falsch   ☐ nicht enthalten

B Der Sage nach rettete Gott die Kreuzfahrer vor der Bosheit des Teufels.   ☐ richtig   ☐ falsch   ☐ nicht enthalten

C Der Teufel wartete vor allem auf die Schiffe der Kreuzfahrer, um diese zu zerstören.   ☐ richtig   ☐ falsch   ☐ nicht enthalten

6 Eine Familie plant mit Hilfe des abgebildeten Prospekts eine Ausflugsfahrt auf der Donau bei Regensburg. Kreuze an, ob die nachstehenden Aussagen A bis G richtig, falsch oder im Prospekt nicht enthalten sind.

Historische Stadtrundfahrt vom Wasser aus

Regensburg in 45 Minuten –
So, wie Sie es noch nie gesehen haben!

€ 9,98 pro Person

Termine:	7 × täglich von Anfang Mai bis Ende September
	Vorsaison April: Di, Do, Sa, So Nachsaison Oktober bis November: Sa, 13:30 Uhr
Abfahrten:	jeweils stündlich ab 10:00 Uhr

ab Anleger:	Steinerne Brücke
Tickets:	An allen mit S gekennzeichneten Zeitschriftenläden oder direkt auf dem Schiff
Schiff:	MS Emma

Ermäßigungen und Sonderleistungen:
– Kinder bis 6 Jahre fahren kostenfrei mit
– Kinder von 7 bis 12 Jahre zahlen die Hälfte
– Personen mit Schwerbehindertenausweis zahlen die Hälfte des vollen Fahrpreises
Fahrradmitnahme: € 2,50

Beachten Sie unser Restaurantangebot!

Zwei Stunden träumen – Mit dem Schiff zur Walhalla

Regensburg – Walhalla – Regensburg

€ 15,50 pro Person

Termine:	3 × täglich von Anfang Mai bis Ende September
	Vorsaison April: Di, Do, Sa, So Nachsaison Oktober bis November: Sa, 13:30 Uhr
Abfahrten:	10:00 Uhr, 12:30 Uhr, 14:30 Uhr

ab Anleger:	Steinerne Brücke
Tickets:	An allen mit S gekennzeichneten Zeitschriftenläden oder direkt auf dem Schiff
Schiff:	MS Thor

Ermäßigungen und Sonderleistungen:
– Kinder bis 6 Jahre fahren kostenfrei mit
– Kinder von 7 bis 12 Jahre zahlen die Hälfte
– Personen mit Schwerbehindertenausweis: Hälfte des vollen Fahrpreises
Fahrradmitnahme: € 2,50

Beachten Sie unser Restaurantangebot!

A Die Familie (zwei Erwachsene, zwei Kinder im Alter von 5 und 10 Jahren) zahlt für die historische Stadtrundfahrt 23,95 Euro. ☐ richtig ☐ falsch ☐ nicht enthalten

B Im Februar liegen die Schiffe zur Wartung im Hafen. ☐ richtig ☐ falsch ☐ nicht enthalten

C In der Vorsaison fahren die Schiffe zur Walhalla nicht jeden Tag. ☐ richtig ☐ falsch ☐ nicht enthalten

D Die Mitnahme eines Fahrrades kostet extra. ☐ richtig ☐ falsch ☐ nicht enthalten

E Wer über einen Schwerbehindertenausweis verfügt, zahlt 50 % des jeweiligen Fahrpreises. ☐ richtig ☐ falsch ☐ nicht enthalten

F In der Nachsaison sind die Fahrten billiger. ☐ richtig ☐ falsch ☐ nicht enthalten

G Fahrkarten müssen auf dem Schiff gekauft werden. ☐ richtig ☐ falsch ☐ nicht enthalten

Kompetenzbereich II: Ausdrucksvermögen

7 Der folgende Text enthält sechs Ausdrucksfehler. Verbessere sie in der Zeile daneben.
Den Sinn des Textes darfst du dabei nicht verändern.

VORSICHT FEHLER!

Die mehrsten von uns denken beim Begriff „Donau- _____

schifffahrt" an Motorboote, Kreuzfahrtschiffe oder _____

große Frachter. Dabei diente die Donau schon in früh- _____

geschichtlicher Zeit als Transportweg für Handelszeug _____

5   wie z. B. Pelze. Diese wurden noch mit einfachen Flößen _____

befördert. Lange Zeit mussten Schiffe von Menschen _____

stromaufwärts gezerrt werden, was man auch „trei- _____

deln" nennt. Ab dem 15. Jahrhundert übernahmen _____

Zugtiere diese Aufgabe. Oft ging es an einem Tag nur _____

10   geringe Kilometer voran, weil die Flussseite häufig _____

mitsamt Pferden getauscht werden musste. Erst mit _____

dem Auftauchen der Dampfschifffahrt änderte sich _____

dies allmählich und die Schifffahrt wurde beschleunigt. _____

8 Forme wie im Beispiel A die in den Sätzen B bis E unterstrichenen Wörter mit Hilfe geeigneter Nachsilben
(Suffixe) so um, dass sich passende Ausdrücke aus der gleichen Wortfamilie ergeben, z. B.:

A Heutzutage überwacht die internationale Donaukommission, dass die Regeln für das Befahren der Donau
eingehalten werden.

→ Die *Überwachung* der Regeln wird von der internationalen Donaukommission vorgenommen.

B Schon in römischer Zeit entstanden entlang der Donau wohlhabende Städte.

→ Der Handel förderte _____ wohlhabender Städte.

C Wegen der zahlreichen gefährlichen Stellen im Fluss mussten die Binnenschiffer einiges wagen.

→ Jede Fahrt war also _____ .

D Vor allem die Strecken stromaufwärts waren voller Beschwerden.

→ Der Rückweg war äußerst _____ .

E Deshalb war es durchaus üblich, einfach gebaute Schiffe nur stromabwärts fahren zu lassen und diese dann
zu demontieren.

→ _____ war für die Händler häufig kostengünstiger als der Rücktransport
des Schiffs.

9 Finde für die in A bis C unterstrichenen Ausdrücke jeweils ein Synonym (Wort mit gleicher oder ähnlicher Bedeutung) und ein Antonym (Wort mit gegensätzlicher Bedeutung).

A Eine Kreuzfahrt auf der Donau ist ein besonderes Ereignis.

Synonym: _____   Antonym: _____

B Diese Reisen vereinen Heimatgefühl mit einer internationalen Atmosphäre.

Synonym: _____   Antonym: _____

C Die kurzweilige (1) Fahrt führt an prunkvollen (2) Städten und beeindruckenden Naturdenkmälern vorbei.

(1) Synonym: _____   (1) Antonym: _____

(2) Synonym: _____   (2) Antonym: _____

Kompetenzbereich III: Formale Sprachbeherrschung

10 Unterstreiche im folgenden Text alle Nebensätze vollständig.
(Für falsche Unterstreichungen gibt es Punktabzug.)

Die Donau ist ein eigenwilliger Fluss, weil sie als einziger großer Fluss Europas von Westen nach Osten fließt.

Dass sie zehn verschiedene Länder miteinander verbindet, ist ebenfalls ungewöhnlich. Ihr Ursprung liegt im

Schwarzwald, wo sich die beiden Flüsschen Breg und Brigach bei Donaueschingen vereinen. Über die Definition

des genauen Ursprungsorts wurde jahrhundertelang gestritten. Im Gegensatz zu Flüssen mit eindeutiger Quelle

wird die Donau, die mit 2 850 km nach der Wolga der zweitlängste Fluss in Europa ist, rückwärts von der Mün-

dung aus vermessen.

11 Bestimme bei den unterstrichenen Wörtern die jeweilige Wortart. Verwende die lateinischen Fachbegriffe.

Die „Obere Donau" in Baden-Württemberg ist der ursprünglichste Teil des Flusses, der sich hier mühsam durch beeindruckende Landschaften bewegt.

ist: _____   ursprünglichste: _____

des: _____   hier: _____

durch: _____

12 Benenne die unten angegebenen Satzglieder aus den folgenden Sätzen mit den entsprechenden lateinischen Fachausdrücken. Ein Beispiel ist vorgegeben.

In Bayern nimmt die Donau allmählich die Dimension eines richtigen Flusses an; deshalb ist sie auch für die Wirtschaft interessant. Weil internationaler Schiffsverkehr ermöglicht werden sollte, wurden schwerwiegende Eingriffe in die Natur unternommen.

in Bayern: _____   die Dimension eines richtigen Flusses: _____

für die Wirtschaft: _____   schwerwiegende Eingriffe: _____

Weil internationaler Schiffsverkehr ermöglicht werden sollte: *kausale adverbiale Bestimmung*

Kompetenzbereich IV: Rechtschreibung und Zeichensetzung

13 Im folgenden Text befinden sich acht Rechtschreibfehler.
   a Markiere sie im Text.
   b Verbessere die Fehler in den Zeilen daneben.

Der Bau von Staustufen in der Donau und

das begradigen des Flußes haben viele frühere

Gefahren für die Schiffahrt entscherft.

Für die Wirtschaft ist der Strohm aber nicht

5 nur als Wasserstraße von unerschöpflichem

Wert. Wasserkraftwerke – wie das Kachlet

bei Passau – liefern darüber hinaus beständig

kliemafreundliche Energie. Naturschüzer

haben jedoch Bedenken, das weitere Ein-

10 griffe in den natürlichen Verlauf der Donau

nachteilig sein könnten.

14 Setze im folgenden Text die fehlen Satzzeichen ein.

Die fantastische Vielfalt der Pflanzen und

Tiere ist in den Auwäldern entlang der Donau

einzigartig" betonen Biologen „und auch

für die Menschen stellt der Fluss mit seinen

5 Auen einen unersetzlichen Lebensraum dar."

Schließlich sorgen die Auwälder für eine

hohe Trinkwasserqualität einen natürlichen

Hochwasserschutz und herrliche Erholungs-

gebiete.

10 Die Donau darf deshalb nicht nur als wich-

tiger Wirtschaftsfaktor gesehen werden

sondern auch als schützenswertes Natur-

und Kulturerbe

15 a Vergleiche deine Ergebnisse zu den Aufgaben 1 bis 15 (▶ S. 90–95) mit dem Lösungsheft.
   b Zähle mit Hilfe des Lösungshefts deine Punkte zusammen. Wo hast du nur wenige Punkte erreicht?
   Bearbeite diese Aufgaben erneut oder lasse dir von deiner Lehrkraft weiterhelfen.

Autoren- und Quellenverzeichnis

S. 24: Kästner, Erich: Wie Eulenspiegel die Kranken heilte. Aus: Till Eulenspiegel erzählt von Erich Kästner. Dressler Verlag: Hamburg 2005, S. 31–37 © Atrium Verlag AG Zürich. **S. 68:** „Der spuckende Berg vor Matupit". Aus: GEOlino Nr. 6, Juni 2011, S. 6 f. **S. 75:** Lornsen, Boy: Das Geheimnis. Aus: Der Tintenfisch Paul Oktopus. Mit Illustrationen von Manfred Schlüter. Boje Verlag: Köln 2009, S. 14. **S. 75:** Schlüter, Manfred: Schicksal. Aus: Reime Eimer. Boje Verlag: Köln 2006, S. 6. **S. 90:** Stebich, Max: Das „Kachlet" bei Vilshofen. Aus: Donausagen, Verlag Julius Breitschopf jun.: Wien 1958, S. 62–64. **S. 94:** In Bayern nimmt die Donau ... Aus: Brasse Helmut u. Aufmolk, Tobias: Die Donau bekommt Arbeit. www.planet-wissen.de/natur/fluesse_und_seen/donau [08.02.2017]

Bildquellenverzeichnis

S. 14: Fotolia/Photographee.eu; **S. 17:** Fotolia/Markus Bormann; **S. 21:** Shutterstock/S. Borisov; **S. 32:** akg-images/bilwissedition; **S. 37, 38:** ddp images/Lennart Preiss; **S. 39:** bpk | Scala; **S. 40:** imago/Xinhua; **S. 42:** Manfred Renn/Werner König: Kleiner Bayerischer Sprachatlas; **S. 46:** Shutterstock/Michael715; **S. 48:** Fotolia/Helmuth Voian; **S. 49:** Fotolia/kebox; **S. 51 oben:** Fotolia/Barbara Helgason, **unten:** Fotolia/Eric Isselée; **S. 55, 56:** Brian Selznick, Die Entdeckung des Hugo Cabret © 2008 cbj Verlag, München, in der Verlagsgruppe Random House GmbH, Übersetzung: Uwe-Michael Gutzschhahn; **S. 71:** Fotolia/diedel; **S. 73:** Römermuseum Güglingen; **S. 77:** picture-alliance/WILDLIFE; **S. 79:** © 2012 Electronic Arts Inc. EA, the EA logo, The Sims and The Sims 3 logo are trademarks or registered trademarks of Electronic Arts Inc. in the U.S. and/or other countries. All Rights Reserved. All other trademarks are the property of their respective owners; **S. 81:** imago/Jochen Tack; **S. 85 oben:** Clip Dealer/Martina Berg, **unten:** Shutterstock/jonny89; **S. 86:** Colourbox; **S. 89:** SZ Photo/Lukas Barth-Tuttas; **S. 90:** Arkivi/©akpool GmbH All Rights Reserved; **S. 92 links:** ClipDealer/chroma, **rechts:** ClipDealer/Markus Gann; **S. 95:** Fotolia/karamba2106

Impressum

Teile einiger Kapitel wurden erarbeitet von:
Cordula Grunow, Angela Horwitz, Angela Mielke, Vera Potthast, Irmgard Schick, Sandra Simberger und Andrea Wagener

Redaktion: Thorsten Feldbusch, Juliane Paar
Coverfoto: Getty Images/Antenna

Illustrationen:
Uta Bettzieche, Leipzig: S. 18, 41, 43
Nils Fliegner, Hamburg: S. 45, 47, 50, 53–54, 84, 87–88
Christiane Grauert, Milwaukee (USA): S. 27, 29–35, 57–58, 60–64, 67
Sylvia Graupner, Annaberg: S. 4–5, 8–9, 74–76, 78, 80–81, 83

Christine Henkel, Dahmen: S. 22
Olav Marahrens, Hamburg: S. 11
Bianca Schaalburg, Berlin: S. 65, 68, 72

Umschlaggestaltung und Layoutkonzept: werkstatt für gebrauchsgrafik, Berlin
Layout und technische Umsetzung: lernsatz.de

www.cornelsen.de

Alle Drucke dieser Auflage sind inhaltlich unverändert und können im Unterricht nebeneinander verwendet werden.

© 2018 Cornelsen Verlag GmbH, Berlin

Druck: Parzeller print & media GmbH & Co. KG, Fulda

Ausgabe ohne interaktive Übungen
1. Auflage, 2. Druck 2019
ISBN 978-3-06-062783-7

Ausgabe mit interaktiven Übungen
1. Auflage, 2. Druck 2019
ISBN 978-3-06-062789-9

PEFC zertifiziert
Dieses Produkt stammt aus nachhaltig bewirtschafteten Wäldern und kontrollierten Quellen.
www.pefc.de
PEFC/04-31-1308

Weitere Bestandteile des Lehrwerks
– Schülerbuch 6	(978-3-06-062777-6)
– E-Book zum Schülerbuch 6	(978-3-06-061720-3)
– Servicepaket 6	(978-3-06-062795-0)
– Servicepaket 6 auf USB-Stick mit Unterrichtsmanager	(978-3-06-200170-3)
– Schulaufgabentrainer 6	(978-3-06-200225-0)
– interaktive Übungen 6	(978-3-06-067502-9)
– interaktive Übungen 6 Schullizenz	(978-3-06-067499-2)
– Onlinediagnose 6	(978-3-06-068030-6)

Gymnasium Bayern

Deutschbuch

Arbeitsheft

6

Lösungen

Cornelsen

Erzählen – Freundschaftsgeschichten

Eine Erzählung aufbauen und verfassen

Seite 4

1 **Wer** (Figuren)? Kathi (= Ich-Erzählerin) und ihre Freunde, die Zwillinge Anna und Leon –
Wo (Ort)? Ferienhaus im Bayerischen Wald –
Wann (Zeit)? Sommerferien

Seite 5

2 **a, b** *Diese Sätze stehen im Präsens, da es sich um allgemeine Informationen handelt.*
Meine Eltern haben ein Ferienhaus im Bayerischen Wald.* Die Attraktion der Gegend ist das Nationalparkzentrum
am Lusen.* Die Gegend kenne ich wie meinen Schulweg.* In den Sommerferien durfte ich die Zwillinge, also Anna
und Leon, mitnehmen. Ich wollte ihnen alles zeigen und jeden Tag eine andere spannende Wandertour machen.
Doch dann kam alles anders als geplant. Wenn ich das vorher gewusst hätte, hätte ich etwas ganz anderes geplant.

3 A = 3 – B = 5 – C = 7 – D = 1 – E = 6 – F = 2 – G = 4

4 Gleich am ersten Urlaubstag (9) wollten wir schon ganz früh in den Nationalpark. Ich erinnerte Leon und Anna daran,
festes (1) Schuhwerk anzuziehen, denn mit Turnschuhen kämen wir nicht weit. Wir packten reichlich (2) Proviant ein, nahmen
genug Getränke mit und marschierten (8) gut gelaunt los. Leon wollte wissen, ob das auch nicht zu anstrengend (5) wird,
er kannte bisher nur Strandurlaub. Ich beruhigte ihn. Zuerst (11) war alles ganz lustig, gut ausgebaute Wanderwege,
herrliches Wetter, wir trällerten (3) Ohrwürmer und die Bäume boten uns Schatten. Während wir den Weg durch das Freigehege locker (10) nahmen, lachten und unterhielten wir uns angeregt (7). Anna fragte ungeduldig (6): „Wann kommen wir
denn endlich zu diesem spannenden (4) Waldwipfelweg?" „Wart's ab!", meinte ich nur.

Seite 6

5 **a** **Diese Wiederholungen solltest du markiert haben:**
Dann wanderten wir weiter zum Wolfsgehege, dann nach rechts, bis wir zu den Wisenten kamen.
Dann sahen wir den Wegweiser zum Baumwipfelpfad. Der Baumwipfelpfad war erst vor wenigen Jahren
neu ausgebaut worden. Vom Boden geht es in luftigen Höhen zwischen den Gipfeln der Bäume entlang.
Damit der Weg für Kinder spannender wird, führt der Weg manchmal über Hängebrücken, bei denen man
zwischen den Tritten bis zum Boden durchblicken kann.

So könnte der verbesserte Text aussehen:
Dann wanderten wir weiter zum Wolfsgehege, bogen nach rechts ab und gingen geradeaus, bis wir zu
den Wisenten kamen. Dort sahen wir den Wegweiser zum Baumwipfelpfad. Dieser Pfad war erst vor wenigen
Jahren neu ausgebaut worden. Vom Boden geht es in luftigen Höhen zwischen den Gipfeln der Bäume
entlang. Damit der Weg für Kinder spannender wird , führt er manchmal über Hängebrücken,
bei denen man zwischen den Tritten durchblicken kann.

6 **a, b** Mir fiel zuerst nicht auf, dass Leon beim Anblick des Waldwipfelwegs ziemlich still wurde, denn gleichzeitig
wurde Anna immer aufgedrehter. Sie jubelte: „Wie toll ist das denn? Fantastisch!"
Der Anblick war umwerfend. Hoch in den Lüften spannten sich vor uns die Wege und schaukelten die Hängebrücken! Deshalb grinste ich nur, ich hatte nicht zu viel versprochen. Das war kein langweiliger Spaziergang.
Anna war nicht mehr zu bremsen und so rannten wir einfach los. Auf einmal merkten wir, dass Leon nicht mehr
hinter uns war. Gerade eben war er doch noch da gewesen. Oder täuschten wir uns? Wir warteten ein paar
Minuten. Hatte Leon plötzlich keine Lust mehr? Aber er konnte doch nicht einfach umkehren! Ich bat Anna, zu
warten und eilte den Wipfelweg zurück. Endlich entdeckte ich Leon. Er stand mitten auf einer Hängebrücke.

7 Leon schaute mich aus schreckgeweiteten Augen an. Seine Hände krampften sich so stark um das Brückengeländer, dass
seine Knöchel weiß hervortraten. Schließlich presste er hervor: „Mir ist schwindelig." Er stöhnte: „Ich kann nicht weiter."
Dann wimmerte er nur noch: „Ich möchte mich hinlegen." Und verstummte. „Du kannst dich hier nicht hinlegen!", rief ich
verwundert. Was tun?

Seite 7

8 **a** **Mögliche Überleitung:**
Ich musste ihn aus seiner Erstarrung herausholen. „Du schaffst das! Atme dreimal tief durch." Ich merkte, wie er versuchte,
ruhiger zu atmen. „Das machst du gut! Und nun gleichmäßig weiter ein- und ausatmen. Schau nicht nach unten!"
Ich schwitzte, denn nun kam es auf mich an. „Setze einen Fuß vor den anderen! Greife mit der rechten Hand das Geländer,
dann mit der linken Hand. Prima!"
Ich sah, dass Leon meine Aufforderungen befolgte. Erleichtert rief ich ihm zu: „Das bekommst du hin. Ganz ruhig,
ich bin da!" Ich ließ ihn nicht aus den Augen. ...

b Auf einmal fing Leon an zu schimpfen. Das war ein gutes Zeichen. „Wieso bin ich überhaupt mitgekommen? Warum tue ich mir das an? Wieso bin ich nicht am Meer? Ich bin ein Idiot!" Ich musste grinsen. „Schimpf ruhig ordentlich", ermunterte ich ihn, „aber schön weitergehen." Und das tat er auch. Unter Fluchen und Zetern setzte er tapfer einen Fuß vor den anderen. Am Ende der Hängebrücke schlossen wir den schweißnassen, völlig erschöpften und kreidebleichen Leon glücklich in die Arme. Zum Glück gab es kurz danach einen Weg nach unten. Dieser war zwar nicht so spannend, aber dafür hatte Leon wieder festen Boden unter den Füßen. Bald kamen wir wieder wohlbehalten daheim an.

9 **Möglicher Schluss:**
Abends recherchierten wir im Internet, was Höhenangst eigentlich ist. Hatte Leon uns nachmittags nur leidgetan, so verstanden wir nun, wie furchtbar er sich gefühlt hatte. Der Arme! Da meinte Leon plötzlich: „Also als Fensterreiniger von Wolkenkratzern werde ich später sicher nicht arbeiten!" Wir kicherten. Für den nächsten Tag schlug ich ein für alle passendes Ziel vor: „Morgen ist Baden im Gebirgsbach in der Nähe angesagt. Mit Picknick. Einverstanden?"

10 Jede der angebotenen Überschriften ist geeignet.

11 **Mögliche Erzählung aus der Sicht von Leon:**

Horror im Fels
(Einleitung)
Anna und ich haben eine gute Freundin. Sie heißt Kathi. Ihre Eltern besitzen ein Ferienhaus im Bayerischen Wald. Kathi schwärmte uns immer sehr über die Urlaube dort vor, besonders über das Nationalparkzentrum Lusen und den Waldwipfelpfad, der sich darin befindet.
Letztes Jahr in den Sommerferien durften wir mit ihrer Familie dorthin fahren. Wir schliefen alle in einem Zimmer. Kathi wollte uns alles zeigen und jeden Tag eine andere spannende Wandertour machen. Doch dann kam alles anders als geplant. Hätte ich geahnt, was auf mich zukam, wäre ich wahrscheinlich daheim geblieben.

(Hauptteil)
Gleich am zweiten Tag wanderten wir schon ganz früh in den Nationalpark. Wir hatten extra festes Schuhwerk angezogen und reichlich Proviant in die Rucksäcke gepackt. Zuerst war alles ganz lustig, gut ausgebaute Wanderwege, herrliches Wetter, wir trällerten Ohrwürmer. Den ersten Anstieg nahmen wir locker. Wir wanderten weiter, die Wege wurden immer schmaler. Bald wies uns ein Hinweisschild den Weg zum Baumwipfelpfad. Kathi erzählte noch, dass sie besonders gern dort oben entlangging. Als ich den Pfad sah, wurde mir ganz anders. Er war unglaublich hoch und die Hängebrücken schaukelten sehr stark! Ich hatte mir gemütliche Stege vorgestellt, die nicht allzu hoch über den Waldboden führten. Die Mädchen liefen ziemlich flott voran, da dachte ich: „Na, du kannst jetzt nicht einfach hier stehen bleiben." Obwohl ich genau das und sonst gar nichts wollte: stehen bleiben. Ich wollte die erste Hängebrücke überqueren, da fiel mein Blick plötzlich in die Tiefe. Ich sah nur noch den Abgrund.
Mir wurde schwindelig, Schweißtropfen traten auf meine Stirn. Ich war wie erstarrt vor Angst. Die Mädchen hatten wohl inzwischen bemerkt, dass ich nicht hinterhergekommen war. Jedenfalls kam Kathi zurück. „Da bist du ja!", rief sie mir zu. Dann sah sie, dass sich meine Hände so stark um das Brückengeländer kampften, dass meine Knöchel weiß hervortraten. Schließlich presste ich hervor: „Mir ist schwindelig. Ich kann nicht weiter." Kathi verstand jetzt endlich, was mit mir los war. Sie sprach ganz ruhig und mit fester Stimme: „Du schaffst das! Atme dreimal tief durch." Ich merkte, dass ich ruhiger wurde. Ich konnte auch wieder Luft holen. „Prima", sagte Kathi, „und nun gleichmäßig weiter ein- und ausatmen. Guck nicht nach unten." Ich setzte einen Fuß vor den anderen und griff erst mit der rechten Hand das Geländer, dann mit der linken Hand, dann wieder mit der rechten und immer so weiter. „Das machst du gut!", bestärkte Kathi mich. Ich fing an zu schimpfen: „Wieso bin ich überhaupt mitgekommen und nicht jetzt am Meer? Ich bin ein Idiot!" Das Fluchen half mir, den Abgrund unter mir zu ignorieren und ein Fuß vor den anderen zu setzen. Irgendwann, nach gefühlten 800 Stunden, hatte ich die Hängebrücke überquert. Anna war inzwischen auch zurückgekehrt. Die Mädchen schlossen mich in die Arme und zusammen gingen wir weiter. Zum Glück gab es kurz danach einen Weg nach unten. Dieser war zwar nicht so spannend, aber dafür hatte ich wieder festen Boden unter den Füßen. Langsam beruhigte ich mich und bald kamen wir wohlbehalten daheim an.

(Schluss)
Abends recherchierten wir im Internet, was Höhenangst eigentlich ist. Ich wollte verstehen, warum ich mich so elend gefühlt hatte. Für den nächsten Tag schlug Kathi einen Ausflug zum nahegelegenen Gebirgsbach mit Picknick vor.

Einen Erzählkern ausgestalten

Seite 8

1 Richtig ist Antwort **B**.

2 **Wer?** Lukas und Ben, der Ich-Erzähler (diese Information gibt dir das Bild)
Wo? Penzberg, zu Hause beim Ich-Erzähler (abends in seinem Bett)
Wann? im August
Was? Streetsurfing (mit Waveboards), Suche nach neuen Herausforderungen, Albtraum

3 **Mögliche Ergänzungen:**
Training: weitere Freunde oder Freundinnen nehmen am Training teil, Training in der Halfpipe
Unfallrisiko: Bericht über Sturz, Hinweis auf Sicherheitsmaßnahmen, (z. B. Helm, Knie- und Ellbogenschützer)
Waveboard: Beschreibung der Waveboards

Seite 9

4 Mögliche Begründung:
Einleitung **A** ist geeignet, weil sie die W-Fragen „Wer?", „Wo?" und „Wann?" beantwortet und den Leser neugierig macht: Was werden sich die beiden wohl ausdenken, um noch mehr „Action" beim Streetsurfing zu haben?

5 Mögliche Einleitung in der Ich-Form:
Seit wir streetsurfen, freuen Lukas und ich uns immer sehr auf die Schulferien. Bei uns in Glückstadt ist nicht so furchtbar viel los, aber die Waveboards sorgen immer für Nervenkitzel. Langeweile kommt da selten auf. Manchmal erreichen wir jedoch auch Grenzen. Letztes Jahr im August zum Beispiel, da suchten wir die Megaherausforderung! Es sollte ein echtes Meisterstück werden.

6 a, b

```
 1
 3    2 H
```

c Möglicher Hauptteil:
Wir hatten den ganzen Tag auf dem Platz vor dem Rathaus trainiert: Slalom um Flaschen herum, Sprünge an der kleinen Halfpipe, Lukas wollte unbedingt noch einen Salto schaffen. Der trug ihm allerdings ein paar mächtige blaue Flecken ein. „Was geht noch, Ben?", fragte er spätnachmittags.
Wir wollten gleich mal nach Hause, meine Eltern hatten uns Würstchen vom Grill versprochen.
Chrissi setzte sich zu uns und nahm den Mund mächtig voll: „Ich trau mich alles! Im Park hinten am Schwimmbad gibt es eine steile Piste, die geht zwischen den Bäumen und Büschen durch." Er machte eine Kunstpause. „Da will ich demnächst runter", schob er nach. „Unten ist die Straße, aber da fährt fast nie jemand lang", gab Chrissi noch zum Besten, „außer ins Schwimmbad." Als Lukas und ich wenig später über unseren Würstchen saßen, beschlossen wir, dass wir die Ersten sein wollten, die die neue Piste ausprobierten. Chrissi würde zu spät kommen! Unser Motto hieß schließlich: Sei mutig! Als Lukas abends weg war, saß ich im Bett und grübelte. Wir hatten die lange Treppe an der Kirche geschafft, die Serpentinen hinten am Obsthang wurden langsam langweilig, die Piste im Park bedeutete wirklich eine Herausforderung. Ich rutschte ganz zufrieden tiefer in meine Kissen. Der nächste Tag wartete schon auf mich – den coolen Ben. Und da stand ich auch schon, ganz oben am Hang. Es waren ein paar mächtige Buchen im Weg, um die ich ganz elegant darum herumwedeln musste. Dazwischen einige stachelige Ilexsträucher. Wenn ich da hineinfuhr, dann würde das heftig kratzen. Also durfte es nicht geschehen. Ich fühlte mich großartig, wendig, stark – einfach rundum mutig. Auf dem Kopf hatte ich meinen Helm, auch Arm- und Beinschoner trug ich. Nur Jedi-Ritter wirkten noch cooler, da war ich sicher. Lukas stand hinter mir. Ich fuhr als Erster los. Schneller und schneller wurde mein Board, kühn umrundete ich alle Hindernisse. Die Buche wollte mir nicht ausweichen? Kein Problem, ich fuhr den Stamm hinauf und wieder hinunter und dann weiter. Doch halt, da, was war das? Mitten auf dem Weg lag plötzlich ein umgestürzter Baum. „Ausweichen ist unmöglich", dachte ich noch. Was sollte ich nur tun? „Ganz klar", durchzuckte es mich, „jetzt mache ich den Salto, den Lukas gestern geübt hat, und katapultiere mich über den Baumstamm hinweg." Ich setzte an und – landete in hohem Bogen mitten auf der Straße. Bremsen quietschten, ich hörte Stimmen, Lukas schrie von oben. Benommen sah ich gerade noch, dass aus heiterem Himmel ein Eiswagen heranfuhr und erst kurz vor mir zum Stehen kam. Giancarlo saß am Steuer, er erkannte mich. Er wollte zum Schwimmbad, um dort sein Eis zu verkaufen. Aber nun sprang er aus dem Wagen. Ich sah nur noch den Autokühler dicht vor mir. Da plötzlich kam ich zu mir. Schweißgebadet saß ich im Bett, noch völlig geschockt von meinem Unfall. Überaus erleichtert war ich, als mir ganz langsam klar wurde, dass ich wohl nur schlecht geträumt hatte. Jetzt wusste ich ganz sicher: Den Abhang am Park hinabzufahren, war völliger Irrsinn. Das war einfach nur eines, nämlich supergefährlich.

7 Möglicher Schluss:
Nach dem Frühstück rief ich Lukas an und erzählte ihm von meinem Albtraum. Ich schilderte meinen Traum wohl ziemlich lebendig, denn er schwieg lange. Dann sagte er: „Du hast vollkommen Recht! Nehmen wir dieses Zeichen ernst."
Seit diesem Tag ist unser Motto: Streetsurfer sind mutig, aber nicht leichtsinnig!

8 Die Überschrift **C** ist treffend.

9 Mögliche Geschichte in der Er-Form:

Traumhafte Warnung
(Einleitung)
Seit sie streetsurfen, freuen die Freunde Ben und Lukas sich sehr auf die Schulferien. Ihre Waveboards sorgen immer für Nervenkitzel, jedes Abenteuer ist willkommen. Letztes Jahr im August zum Beispiel, da suchten die Jungen die Megaherausforderung! Es sollte ein echtes Meisterstück werden.

(Hauptteil)
Sie hatten den ganzen Tag auf dem Platz vor dem Rathaus trainiert: Slalom um Flaschen herum, Sprünge an der kleinen Halfpipe, Lukas wollte unbedingt noch einen Salto schaffen. Der trug ihm allerdings ein paar mächtige blaue Flecken ein. „Was geht noch, Ben?", fragte er spätnachmittags. Die beiden wollten gleich noch zu Ben. Chrissi gesellte sich zu ihnen und nahm den Mund mächtig voll: „Ich trau mich alles! Im Park hinten am Schwimmbad gibt es eine steile Piste, die geht zwischen den Bäumen und Büschen durch." Er machte eine Kunstpause. „Da will ich demnächst runter", schob er nach. „Unten ist die Straße, aber da fährt fast nie jemand lang", gab Chrissi noch zum Besten, „außer ins Schwimmbad."
Wenig später beschlossen Lukas und Ben, dass sie die Ersten sein wollten, die die neue Piste ausprobierten. Chrissi würde

zu spät kommen! Ihr Motto hieß schließlich: Sei mutig! Als Lukas abends weg war, saß Ben im Bett und grübelte. Die beiden hatten die lange Treppe an der Kirche geschafft, die Serpentinen hinten am Obsthang wurden langsam langweilig, die Piste im Park bedeutete wirklich eine Herausforderung. Ben rutschte ganz zufrieden tiefer in seine Kissen. Der nächste Tag wartete schon auf ihn – den coolen Ben. Und da stand er auch schon, ganz oben am Hang. Es waren ein paar mächtige Buchen im Weg, um die er ganz elegant herumwedeln musste. Er fühlte sich großartig, wendig, stark – einfach rundum mutig. Auf dem Kopf trug Ben seinen Helm, auch Arm- und Beinschoner hatte er an. Lukas stand hinter ihm. Aber Ben fuhr als Erster los. Schneller und schneller wurde sein Board, kühn umrundete er alle Hindernisse. Doch halt, da, was war das? Mitten auf dem Weg lag plötzlich ein umgestürzter Baum. „Ausweichen ist unmöglich", dachte Ben gerade noch. Was sollte er nur tun? „Ganz klar", durchzuckte es ihn, „jetzt mache ich den Salto, den Jan gestern geübt hat, und katapultiere mich über den Baumstamm hinweg." Ben setzte an und – landete in hohem Bogen mitten auf der Straße. Bremsen quietschten, der Junge hörte Stimmen, sein Freund Lukas schrie von oben. Benommen sah Ben gerade noch, dass aus heiterem Himmel ein Eiswagen heranfuhr und erst kurz vor ihm zum Stehen kam. Der Fahrer wollte zum Schwimmbad, um dort sein Eis zu verkaufen. Aber nun sprang er aus dem Wagen. Vermutlich sah Ben nicht viel mehr als den Autokühler dicht vor sich. Da plötzlich kam er zu sich. Schweißgebadet saß Ben in seinem Bett, noch völlig geschockt von dem Unfall. Er wirkte überaus erleichtert, ganz langsam wurde ihm klar, dass er wohl nur schlecht geträumt hatte. Eines wusste er aber ganz sicher: Den Abhang am Park hinabzufahren, war völliger Irrsinn. Das war einfach nur eines, nämlich supergefährlich.

(Schluss)
Nach dem Frühstück rief Ben bei Lukas an und erzählte ihm von seinem Alptraum. Er schilderte den Traum ziemlich lebendig, Lukas schwieg lange. Dann sagte er: „Du hast vollkommen Recht!" Seit diesem Tag lautet das Motto der beiden Freunde: Streetsurfer sind mutig, aber nicht leichtsinnig!

Von mehreren Ereignissen erzählen

Seite 10

1
2

Lieber Ben,

wenn du wüsstest, wo ich gerade bin, während du mit Lukas daheim Waveboard fährst! Kathi, eine Freundin von Anna, hat uns eingeladen, mit ihren Eltern zusammen eine Woche im Bayerischen Wald zu verbringen. Zunächst war ich gar nicht begeistert: ich mit zwei Mädchen, ich im Bayerischen Wald. Aber nun ist es eigentlich doch ganz spannend.
Z. 1–5
Einleitung:
Anlass, Erzählsituation

Zum Beispiel gestern, da stand für uns drei eine Tour auf den Lusen auf dem Programm. Das ist ein ziemlich hoher Berg hier in der Nähe. Es ist wirklich unglaublich, wie es dort aussieht. Weißt du, vor einigen Jahren gab es ein Problem mit Schädlingen, die fast den gesamten Waldbestand im Nationalpark zerstörten. Da oben sieht es aus, als ob riesige Zündholzer im Boden stecken würden. Die Folgen davon bekamen wir leider zu spüren: Es wurde nämlich ziemlich heiß. Anfangs dachte ich, ich würde das schaffen. Aber mit jedem Meter und jeder Minute wurde der Aufstieg schwieriger. Und weil dieser Streichholzwald keinen Schatten bietet, hatten wir bald überhaupt keine Kraft mehr. Wir wollten uns einfach nur irgendwo hinsetzen und trinken – wenn wir etwas dabeigehabt hätten! Aber nein, am Morgen waren wir leider zu faul gewesen, den Rucksack ordentlich zu packen. Zum Glück half uns ein anderer Wanderer aus der Patsche und versorgte uns mit Wasser. Nur so schafften wir es bis zur Hütte, wo wir neuen Proviant bekamen. Tja, man lernt nie aus!
Z. 6–18
Hauptteil:
Schilderung Ereignis 1

Vor drei Tagen hatte ich mir das schon mal gedacht. Da waren wir drei auf dem Waldwipfelweg unterwegs. Ein wirklich schöner Weg in die luftigen Höhen der Baumkronen, aber wie du weißt, habe ich ein wenig Höhenangst. Die beiden Mädchen sind losgerannt, dass ich kaum mithalten konnte. Zum Glück ist schließlich alles gutgegangen.
Z. 19–22
Hauptteil:
Schilderung Ereignis 2

Aber: Was treibst du so in den Ferien? Unternimmst du viel oder spielst du den ganzen Tag am Smartphone? Schreib doch mal, damit ich weiß, wie es dir geht!
Z. 23–24
Schluss:
Eingehen auf Bens Situation

Viele Grüße
Dein Leon

3 **a** Folgende Ideen können verwendet werden, um einen Text anschaulicher zu erzählen:
- passende Satzanfänge und Verknüpfungen, z. B. *Zum Glück kam Kathi ...*
- wörtliche Rede einsetzen, z. B. *Ich presste hervor: „Ich kann nicht weiter."*
- aussagekräftige und treffende Verben, z. B. *Anne war hingerissen ...*
- anschauliche Ausdrücke, die wiedergeben, was eine Figur fühlt und erlebt, z. B. *Es dauert eine Ewigkeit, ehe ich drüben ankam.*

b Mögliche Überarbeitung:
Aber unser Erlebnis im Streichholzwald war ja noch harmlos im Vergleich zu unserem Ausflug auf den Waldwipfelpfad. Dieser Pfad spannt sich in extremer Höhe zwischen den Wipfeln der Bäume und damit es für Kinder spannender wird, führt der Weg manchmal über Hängebrücken, sodass man zwischen den Tritten den Boden sehen kann. Das ist kein Spaß

für jemanden wie mich, der Höhenangst hat. Anne war ganz hingerissen von dem Pfad. Sie und Kathi rannten sofort los und ich wäre eigentlich am liebsten nur stehen geblieben. Mit dieser Höhe hatte ich nicht gerechnet. Ich quälte mich vorwärts, aber schon während ich die erste Hängebrücke überquerte, fiel mein Blick in die Tiefe. Mir wurde schwindelig, Schweißtropfen traten auf meine Stirn und ich krampfte meine Hände um das Geländer. Zum Glück kam in diesem Moment Kathi zurück, um nach mir zu sehen. Ich presste nur hervor: „Ich kann nicht weiter." Kathi sah meine Angst und sprach dann mit ruhiger und fester Stimme: „Du schaffst das. Atme gleichmäßig ein und aus. Guck nicht nach unten." Ich befolgte ihre Anweisungen und setzte vorsichtig einen Fuß vor den anderen. Auch mit den Händen hangelte ich mich langsam am Geländer entlang. Es dauert gefühlt eine Ewigkeit, bis ich am Ende der Hängebrücke ankam. Anne war ebenfalls inzwischen zurückgekehrt. Sie und Kathis schlossen mich in die Arme, nachdem ich die Überquerung geschafft hatte. Wir gingen gemeinsam weiter und nahmen den nächsten Weg nach unten. Dieser war zwar nicht so spannend, aber verhalf mir schnell wieder zu festem Boden unter den Füßen.

Informieren – Beschreiben und Berichten

Einen Vorgang beschreiben

Seite 11

1 b richtige Aussagen: **A, D, F;** nicht enthalten: **B, C, E;** Es gibt keine falschen Aussagen.

Seite 12

2 **Mögliche Lösung:**
a Markierung der Informationen mit den Zahlen: 1, 3, 6, 9, 10, 11, 12, 13, 14, 16
c keine Verwendung für folgende Aussagen: 1, 9, 16

3 **a, b Mögliche Zuordnung der Notizen:**
Einleitung (Material, Vorbereitung): 4, 5, 7, 10, 15, lichtundurchlässige Brille, Knieschoner, Klingelball aus Hartgummi
Hauptteil (Spielablauf, Regeln): 2, 3, 6, 11, 12, 13, 14, 15, 2 Schiedsrichter, 4 Torrichter
Schluss (Spielende, Tipps): 4, 8, 15

4 **Mögliche Einleitung:**
Goalball ist ein Spiel für Menschen mit und ohne Sehbehinderung. Das Spielfeld dafür misst 18 m × 9 m.
Die Tore erstrecken sich über die gesamte Breite des Spielfeldes und sind 1,30 m hoch. Die Spieler tragen eine lichtundurchlässige Brille und Knieschoner. Gespielt wird mit einem Klingelball aus Hartgummi, der 1250 g wiegt.

Seite 13

5 A Die Spieler dürfen sich nur vor ihrem eigenen Tor aufhalten.
B Die Linien am Boden erleichtern die Orientierung.
C Die Tore erstrecken sich über die ganze Breite des Spielfeldes.
D Man erzielt ein Tor, indem man den Ball ins gegnerische Tor wirft.
E Alle Spieler tragen eine Brille.
F Der Ball muss über die Mittellinie befördert werden.

6 **Zunächst** wird ausgelost, welche Mannschaft beginnt. **Nachdem** die Spieler ihre lichtundurchlässige Brille aufgesetzt haben, können sie sich nur mit Hilfe ihres Tastsinns und ihres Gehörs orientieren. **Deswegen** müssen sich die Zuschauer auch absolut ruhig verhalten. **Obwohl** sich das Tor über die gesamte Breite des Spielfeldes erstreckt, ist es nicht leicht, einen Punkt zu erzielen. **Während** eines Angriffs verteidigt die gegnerische Mannschaft nämlich auch liegend ihr Tor. **Zudem** wird es mit einem Strafwurf geahndet, **wenn** der Ball beim Angriff nicht zweimal den Boden berührt.

7 **Möglicher Artikel für die Schülerzeitung:**
Goalball ist ein Spiel für Menschen mit und ohne Sehbehinderung. Das Spielfeld dafür misst 18 m × 9 m.
Die Tore erstrecken sich über die gesamte Breite des Spielfeldes und sind 1,30 m hoch. Die Spieler tragen eine lichtundurchlässige Brille und Knieschoner. Gespielt wird mit einem Klingelball aus Hartgummi, der 1250 g wiegt.
Zunächst wird ausgelost, welche Mannschaft das Spiel beginnt. Ein Spiel besteht aus 2 Halbzeiten von je 12 Minuten Länge und wird von 2 Schiedsrichtern und 4 Torrichtern begleitet. Jede Mannschaft verfügt über 3 Spieler.
Diese dürfen sich nur im Feld vor dem eigenen Tor aufhalten. Von diesem Feld aus starten die Spieler den Angriff auf das gegnerische Tor. Obwohl sich das Tor über die gesamte Breite des Spielfeldes erstreckt, ist es nicht leicht, einen Punkt zu erzielen. Während eines Angriffs verteidigt die gegnerische Mannschaft nämlich auch liegend ihr Tor.
Zudem wird es mit einem Strafwurf geahndet, wenn der Ball beim Angriff nicht zweimal den Boden berührt.
Die Angriffe erfolgen abwechselnd. Wirft ein Team beim Angriff den Ball ins Aus, erhält die andere Mannschaft den Ball.
Wichtig ist, dass der Ball innerhalb von 10 Sekunden nach Ballbesitz über die Mittellinie befördert werden muss.
Ziel des Spiels ist es, den Ball möglichst häufig ins gegnerische Tor zu werfen. Damit man sich als Spieler orientieren kann, sind auf dem Boden fühlbare Begrenzungslinien aufgezeichnet, die das Spielfeld sowie die sechs gleich großen

Felder zwischen den Toren markieren. Zudem orientieren sich die Spieler über ihr Gehör. Deswegen müssen sich die Zuschauer auch absolut ruhig verhalten, um das Spiel nicht zu stören.

Von Ereignissen berichten und öffentlich appellieren

Seite 14

1 Markierungsarten:
Was? Wann? Wo? Wer?, Wie genau? Warum?, Welche Folgen?

Notizen:
- Projekttag 2018 – „neue Sporterfahrungen"
- Willst du einfach mal übers Spielfeld rollen?
- Schon einmal im Sitzen Körbe geworfen? – Dann wird es Zeit!
- Wechselt die Perspektiven, sammelt Erfahrungen, seid offen für Neues beim Rollstuhlbasketball!
- In Zusammenarbeit mit dem Behinderten- und Versehrtensportverein (BVSV) Nürnberg
- Treffpunkt 8:00 Uhr am Sportzentrum Süd
- Was wird benötigt? Sportkleidung und gute Laune

Aussagen:
FRAU EGGENBAUER (Unterstufenbetreuerin): Die Erfahrungen sollen jungen Menschen ein Gefühl für die Lebenswelt behinderter Menschen geben und Fairness und Respekt fördern. Es war schon fantastisch mitanzusehen, wie unsere Schüler zusammen mit den behinderten Kindern um den Ball gekämpft haben. Nach einer kurzen Auftauphase gab es so gut wie keine Berührungsängste.
HANNES, 7c: Ich musste mich ganz schön anstrengen, um den Rollstuhl zu lenken und den Ball zu kriegen. Am Schluss war ich ziemlich k.o. Morgen habe ich bestimmt einen irren Muskelkater.
HERR FREI (BVSV): Wir haben uns sehr über die Anfrage der Schule gefreut. Zunächst gab es durch unsere Rollstuhlfahrer eine Einführung in die Sportart. Dann wurden die Rollstuhlbasketballtechniken geübt, bevor ein richtiges Turnier gespielt wurde.
EMRE, 6a: Ich fand es super, dass unsere Klasse mit Hilfe der behinderten Kinder beim Basketball gewonnen hat, obwohl es gegen die 5c richtig knapp war.
HERR SCHLAU (Schulleiter): Wir werden das Projekt im nächsten Jahr auf jeden Fall wiederholen und ausbauen.

Seite 15

2 Möglicher Schreibplan:

Adressaten des Berichts: Leserinnen und Leser der Schulwebsite

Einleitung	Was?	Projekttag 2018 der Unterstufe, Sporterfahrungen mit Rollstuhlbasketball
	Wann?	8.00 Uhr
	Wo?	Sportzentrum Süd
	Welche Folgen?	Erfahrungen sammeln, Perspektiven wechseln, offen für Neues sein
Hauptteil	Wie genau?	Rollstuhlfahrer führen in Sportart ein, das Üben von Rollstuhlbasketballtechniken, Schülerinnen und Schüler dieser Schule spielen mit den Rollstuhlbasketballern in gemischten Teams ein Turnier, Schülerinnen und Schüler spielen im Rollstuhl und werfen im Sitzen Körbe
Schluss	Welche Folgen?	Schülerinnen und Schüler entwickeln ein Gefühl für Lebenswelt behinderter Menschen, Fairness und Respekt werden gefördert, Projekt wird im nächsten Jahr wiederholt und ausgebaut

3 Nach dem Spiel **fand** die große Siegerehrung statt. Zunächst **bedankte** sich Herr Schlau bei den Rollstuhlfahrern, dass diese sich **bereit erklärt hatten,** einen Tag mit uns zu verbringen. Nachdem alle eine Auszeichnung für die Teilnahme **erhalten hatten,** wurden die Klassen 6a und 5c für ihre Siege besonders **geehrt.**

Seite 16

5 a sachlich: **A, C, D, G;** Umgangssprache: **E, F;** Vermutung: **B**
b Es war ziemlich anstrengend, im Rollstuhl zu sitzen und gleichzeitig den Ball in den Korb zu werfen. Vor allem die Fünftklässler hatten große Schwierigkeiten, den Korb zu treffen.

6 a Die gelungenen Textstellen sind unterstrichen und die weniger gelungenen Textstellen unterschlängelt:
Beim Rollstuhlbasketball war es für mich anfangs ziemlich schwierig, mich zu orientieren. Da fand ich es schon ziemlich erstaunlich, wie gut die Kinder mit ihrer körperlichen Einschränkung umgegangen sind.
Manche meiner Klassenkameraden haben sich hingegen wirklich dämlich angestellt. Aber trotzdem war es blöd, dass aus dem Publikum immer wieder Buh-Rufe kamen.

b Mögliche Überarbeitung:

Beim Rollstuhlbasketball war es für mich anfangs ziemlich schwierig, mich zu orientieren. Umso mehr war ich beeindruckt, wie gut die Kinder mit ihrer körperlichen Einschränkung umgegangen sind. Bei einigen meiner Klassenkameraden hat das Zusammenspiel von Rollstuhl und Basketball überhaupt nicht geklappt. Das Publikum war leider so unfair und hat diese Spieler wiederholt ausgebuht.

7 Möglicher Schluss:

Der Projekttag in diesem Jahr war für mich eine bewegende Erfahrung. Das Spiel mit den Rollstuhlbasketballern hat bei mir zum Abbau von Berührungsängsten geführt. Ich denke, dass wir Schülerinnen und Schüler auch eine Menge über Fairness und gegenseitigen Respekt gelernt haben. Natürlich war es auch schön, mal keinen Unterricht zu haben und stillsitzen zu müssen. Die sportliche Betätigung hat riesigen Spaß gemacht. Aber leider gab es nur einen Projekttag. Wir konnten uns gerade einmal an das Spiel und seine Techniken gewöhnen und hätten gern einen zweiten Tag für das ausgiebige Spielen von Rollstuhlbasketball gehabt. Deshalb möchte ich vorschlagen, den Projekttag im nächsten Jahr auf zwei Tage auszudehnen.

8 Möglicher Bericht für die Schulwebsite:

Im Sitzen Körbe werfen

Am Projekttag 2018 traf sich die gesamte Unterstufe, um Rollstuhlbasketball zu spielen. Wir Schülerinnen und Schüler waren mit den Kinder-Rollstuhlbasketballern des Behinderten- und Versehrtensportvereins Nürnberg um 8 Uhr am Sportzentrum Süd verabredet. Wir waren neugierig darauf, wie es ist, nur vom Rollstuhl aus Basketball spielen zu können, und wie es sich anfühlt, beim Spiel körperlich eingeschränkt zu sein. Den meisten von uns war diese Sportart auch unbekannt.
Zunächst führten uns die Rollstuhlbasketballer in die Sportart ein und übten mit uns besondere Techniken. Danach bildeten wir mit den „Profis" gemischte Teams, um ein Turnier zu spielen. Auch wir Schülerinnen und Schüler saßen im Rollstuhl und konnten nur im Sitzen versuchen, Körbe zu werfen.
Beim Rollstuhlbasketball war es für z. B. für mich anfangs ziemlich schwierig, mich zu orientieren. Auch das gleichzeitige Lenken und Dribbeln war anstrengend. Umso mehr war ich beeindruckt, wie gut die Kinder mit ihrer körperlichen Einschränkung umgegangen sind. Bei einigen meiner Klassenkameraden hat das Zusammenspiel von Rollstuhl und Basketball überhaupt nicht geklappt. Das Publikum war leider so unfair und hat diese Spieler wiederholt ausgebuht.
Nach dem Spiel fand die große Siegerehrung statt. Zunächst bedankte sich Herr Schlau bei den Rollstuhlfahrern, dass diese sich bereit erklärt hatten, einen Tag mit uns zu verbringen. Nachdem alle eine Auszeichnung für die Teilnahme erhalten hatten, wurden die Klassen 6 a und 5 c für ihre Siege besonders geehrt.
Der Projekttag in diesem Jahr war für mich eine bewegende Erfahrung. Das Spiel mit den Rollstuhlbasketballern hat bei mir zum Abbau von Berührungsängsten geführt. Ich denke, dass wir Schülerinnen und Schüler auch eine Menge über Fairness und gegenseitigen Respekt gelernt haben. Natürlich war es auch schön, mal keinen Unterricht zu haben und stillsitzen zu müssen. Die sportliche Betätigung hat riesigen Spaß gemacht. Aber leider gab es nur einen Projekttag. Wir konnten uns gerade einmal an das Spiel und seine Techniken gewöhnen und hätten gern einen zweiten Tag für das ausgiebige Spielen von Rollstuhlbasketball gehabt. Deshalb möchte ich vorschlagen, den Projekttag im nächsten Jahr auf zwei Tage auszudehnen.

Argumentieren und überzeugen – Wo unterrichten?

Seite 17

1 a
2 b

strittiges Thema: Kann/Darf der Unterricht in einzelnen Unterrichtsstunden aus dem Klassenraum ins Freie verlegt werden?

Meinung der Klasse: für Unterricht im Freien	**Meinung des Lehrers:** gegen Unterricht im Freien
Begründungen der Klasse:	Begründungen des Lehrers:
– Abwechslung durch Unterricht draußen	– ist ungerecht; eine Klasse würde bevorzugt werden
– frische Luft verbessert Konzentration und Mitarbeit	– stört die anderen Klassen (Geräuschpegel)
– Improvisation löst organisatorische Probleme	– draußen fehlen wichtige Gegenstände (Tafel, Strom o. Ä.)
– Klassen können sich abwechseln	– es ist durch die Schulleitung verboten

2 a Die Begründungen der Klasse sind unterstrichen. Die Begründungen des Lehrers sind unterschlängelt:

Z. 6–7: „Draußen könnten wir uns bestimmt viel besser konzentrieren und würden besser mitarbeiten!" /
Z. 9–11: „Kinder, ihr wisst doch, dass das nicht geht – es können ja nicht alle Klassen machen!" /
Z. 12: „Die Klassen könnten sich doch abwechseln", … /
Z. 15–16: zu laut, … Das stört nur. /
Z. 16–19: Und draußen fehlen doch auch alle Voraussetzungen für richtigen Unterricht:
Es gibt keine Tische und keine Stühle, keine Tafel und keinen Strom!" /
Z. 20–25: „Dann müssen wir eben ein bisschen improvisieren: Wir sitzen auf dem Boden und
machen etwas, bei dem man nicht schreiben muss und keine Tafel braucht." –
„Genau, so ein Unterricht ist eine klasse Abwechslung und macht bestimmt Spaß!" /
Z. 65–28: … die Schulleitung hat es sowieso verboten, dass Klassen während der Unterrichtszeit draußen sind.

Seite 18

3 a **A** – 5, **B** – 4, **C** – 2, **D** – 3, **E** – 1

b Bei der Bewertung und Gewichtung der Argumente kann man unterschiedlicher Ansicht sein.
   Vorschlag (überzeugendstes Argument zuerst, dann schwächer werdend): **B** → **E** → **C** → **A** → **D**

4 **Meinung verdeutlichen:**
2 Wir sind der Ansicht, dass ... – **4** Ich vertrete den Standpunkt, dass ... – **6** Ich fände es gut, wenn ...
Begründungen einleiten:
5 Dies ist zu begründen, indem man ... hervorhebt. – **7** Außerdem spricht für diesen Standpunkt, dass ... –
8 Schließlich ist als Argument noch anzuführen, dass ...
veranschaulichende Beispiele:
1 Ich habe selbst letzte Woche die Erfahrung gemacht, dass ... – **3** Im Internet habe ich folgendes Beispiel gefunden ... –
9 An der Schule meines Bruders gibt es einen solchen Fall, nämlich ...

Seite 19

5 **Mögliche Einschätzung:**
– Begründung **A** ist besser geeignet als **B**, weil sie zeigt, dass anschaulicher Unterricht draußen hilft,
  das Gelernte besser zu verstehen.
– Begründung **B** ist weniger geeignet als **A**, weil sie Unterricht im Freien fordert, ohne dass die Natur
  oder andere Möglichkeiten, die einen Unterricht draußen bereichern können, einbezogen werden.

6 **Mögliche Argumentation:**
Ein „offenes Klassenzimmer" ist sinnvoll, weil Inhalte aus dem Unterricht vor Ort gelernt werden können,
so ist beispielsweise das Suchen und Bestimmen von Pflanzen und Samen im Freien kein Problem.

7 **So könnte ein Artikel für die Schülerzeitung aussehen:**

Emil und die Detektive im Schulgarten – Eine Unterrichtsstunde im Freien
Im letzten Monat hat uns unser Deutschlehrer in einer Doppelstunde im Freien unterrichtet. Endlich! Darauf hatten wir
schon länger gewartet.
In dieser Doppelstunde sollten fünf Szenen aus unserer letzten Klassenlektüre „Emil und die Detektive" nachgestellt
werden. Wir bildeten fünf Gruppen und verteilten uns im Schulgarten, um die Szenen zu proben. Am Ende der Deutsch-
stunde wollte unser Deutschlehrer von uns wissen, ob wir den Unterricht im Freien sinnvoll fanden. Wir waren uns alle
einig, dass die Stunde ein toller Erfolg war.
Wir wenden uns aus diesem Grund an die Schulleitung und bitten darum, über die Einrichtung eines „offenen Klassenzimmers" nachzudenken. Wir finden, dass ein „offenes Klassenzimmer" sinnvoll ist, weil der Unterricht im Freien viele zusätzliche Möglichkeiten bietet, um den Unterrichtsstoff zu lernen. Zudem kann das „offene Klassenzimmer" als feste Einrichtung von der Lehrkraft bei der Unterrichtsplanung gezielt eingesetzt werden. Wir wissen nun aus eigener Erfahrung,
dass viele Unterrichtsmethoden dort viel leichter umsetzbar sind, z.B. lebendige Standbilder, Gruppenarbeit und Diskus-
sionen.
Ein „offenes Klassenzimmer" wäre also eine sehr sinnvolle Einrichtung, die von den Lehrkräften gezielt für den Unterricht
genutzt werden und für uns Schüler den Unterricht bereichern könnte.

Teste dich! – Erzählen – Informieren – Argumentieren

Seite 20

1 **1** = B, C – **2** = B – **3** = C – **4** = B – **5** = A, C – **6** = A, C – **7** = A, B – **8** = B – **9** = C – **10** = B

2 Diese Zuordnung ist richtig: Erzählen = **B** – Informieren (Berichten) = **A** – Argumentieren = **C**

Einen Sachtext lesen und verstehen – Die Golden Gate Bridge

Seite 21

1 **b** Vielleicht weißt du, dass San Francisco in Kalifornien, also an der Westküste der USA, liegt. Schau einmal in einem Atlas oder im Internet nach, wo genau sich die Golden Gate Bridge befindet. Falls du dich für Erdbeben (Erdkunde) interessierst, ist dir vermutlich bekannt, dass San Francisco nahe der San-Andreas-Verwerfung errichtet wurde und dass die Menschen dort in der Vergangenheit bereits mehrere gewaltige Erdbeben erdulden mussten.

2 **b** Das Thema des Textes ist der Bau der Golden Gate Bridge (1933–1937).

Seite 22

3 **a, b** **Mögliche unbekannte Wörter:**
widrig (Z. 3): äußerst ungünstig, etwas behindernd
Elastizität (Z. 13): Beweglichkeit, Anpassungsfähigkeit
Spannweite (Z. 16): Entfernung zwischen Pfeilern
Dimension (Z. 17 f.): Ausmaß, Ausdehnung eines Körpers
Navy (Z. 21): Kriegsmarine (= Seeflotte) Amerikas
Chefingenieur (Z. 24): Ingenieur = Berufsbezeichnung für einen auf einer Hoch- oder Fachschule ausgebildeten Techniker
immens (Z. 26): unermesslich groß, riesig
Fundament (Z. 27): fest stehender Unterbau eines Bauwerks
Pylon (Z. 27): turmartiger Teil von Hängebrücken, in Form eines hohen Eingangstors
Stahlarmierung (Z. 38): Armierung = verstärkende Einlage aus Stahl in Beton
Senkkasten (Z. 38 f.): Kasten aus Stahl oder Beton, der Arbeiten unter Wasser ermöglicht
Art-Déco-Stil (Z. 45): Kunstrichtung der Jahre 1920 bis 1940, eleganter Stil
vernieten (Z. 46): mit Nieten (Metallbolzen) fest verbinden
vertikal (Z. 56): senkrecht, gerade Linie von oben nach unten
kühn (Z. 72): mutig

4 **a** **Sinnvolle Schlüsselwörter, 1. Abschnitt:**
Brücke, breite Wasserstraße, widrige Baubedingungen, Bucht von San Francisco, Golden Gate, Fehlschlag, befürchteten, 1933, Elastizität, Material, Spannweite, Höhe, Rekorde, größte Schiff der Navy
b **Weitere sinnvolle Schlüsselwörter:**
Chefingenieur Joseph B. Strauss, immensen technischen Aufwand, Fundamente der Pylone, Verankerung der Trageseile, 140 000 m³ Beton, Helmtaucher, unter Wasser, Senkkasten – Pylone im Art-Déco-Stil, Stahlplatten, 227 m, höchsten Brückenträger der Welt, Tragekabel, einen Meter dick, Flechten und Spannen, sechs Monate, salzhaltige Nebel, Brückenarchitekt Morrow, speziellen Rostschutzfarbe – 27. Mai 1937, vier Jahren Bauzeit, täglich 100 000 Kraftfahrzeuge, bekanntesten Wahrzeichen Amerikas

Seite 23

5 **Passende Zwischenüberschriften:**
1. Sinnabschnitt: Ein großes Wagnis –
2. Sinnabschnitt: Meisterhafte Ingenieurleistung –
3. Sinnabschnitt: Stahl mit Stil –
4. Sinnabschnitt: Ein grandioser Erfolg

6 **a, b**
Abschnitt 2
Schritt 1: **Wer?** Team um Chefingenieur Joseph B. Strauss –
Was? für Bau der Grundelemente immenser technischer Aufwand –
Wie? Sprengung von Befestigungslöchern für südlichen Pylon, Senkkasten zur Fundamenterstellung
Schritt 2: Das Team um Chefingenieur Strauss musste viele technische Probleme lösen. Der Bau der riesigen Fundamente für die zwei Pylone erwies sich als besonders schwierig. Einer davon musste mit Hilfe eines sogenannten Senkkastens unter Wasser erstellt werden.

Abschnitt 3
Schritt 1: **Wer?** Ingenieure, Arbeiter, Maler, Brückenarchitekt Morrow –
Was? Errichtung Pylone aus vernieteten Stahlplatten, höchste Brückenträger der Welt, Tragekabel sechs Monate Arbeit, Streichen der Brücke in spezieller orangefarbener Rostschutzfarbe
Schritt 2: Die Pylone bestehen aus vernieteten Stahlplatten und waren damals die höchsten der Welt. Keine leichte Aufgabe stellte die Konstruktion der Tragkabel dar. Dafür benötigten die Handwerker mehr als sechs Monate. Brückenarchitekt Morrow ließ die Brücke wegen des salzhaltigen Nebels in der Bucht mit einem speziellen orangefarbenen Rostschutzlack streichen.

Abschnitt 4

Schritt 1: **Wann?** Eröffung 27. Mai 1937 –

Was? heute nutzen täglich 100 000 Fahrzeuge die Brücke, gehört zu bekanntesten Wahrzeichen Amerikas

Schritt 2: 1937 wurde das Bauwerk erfolgreich fertiggestellt. Heute überqueren täglich etwa 100 000 Fahrzeuge die Brücke. Die Golden Gate Bridge gehört zu den bekanntesten Wahrzeichen Amerikas.

7

a Die Grafik veranschaulicht die Abschnitte **2** und **3**.

b Konstruktion, Untergrund, Maße, Farbe

c **Mögliche Wiedergabe der Informationen:**
Die Gesamtlänge der Brücke beträgt 1980 m bei einer Spannweite von 1280 m. Sie ist 227 m hoch.
Das Bauwerk ist orangefarben gestrichen. Die Pylone stehen 350 m von den Verankerungen entfernt.

d **So könnte ein Begründung formuliert sein:**
Die Grafik hilft, den Text leichter zu verstehen, weil sie dem Leser einen Eindruck von den Größenverhältnissen vermittelt und die Konstruktion der Brücke sowie ihre Einpassung in die Umgebung verständlich darstellt.

Einen Erzähltext lesen und verstehen – Eine Eulenspiegelei

Seite 24

1

So könnte die Formulierung eines ersten Leseeindrucks aussehen:
Mir gefällt Eulenspiegels Streich, weil er zeigt, dass der Krankenhausverwalter mehr Geld zur Verfügung hat, als er behauptet. Er möchte es nur nicht für die Heilung der Kranken einsetzen. Schade, dass Till Eulenspiegel den Kranken dabei Angst macht, weil er ihnen erzählt, dass er einen von ihnen zu Pulver verbrennen will.

Seite 25

2

a, b
Z. 1–2: „ein rechtes Radieschen" = Till war ein freches Kind, das schon damals den Leuten Streiche spielte
Z. 71–72: „er empfahl sich" = er geht weg, d. h., er verlässt den Verwalter und die Stadt Nürnberg
Z. 4–5: „trieb es […] toller" = er wird immer übermütiger und ausgelassener, d. h., seine Streiche werden immer gefährlicher
Z. 11–12: „trieb's […] bunt" = Till Eulenspiegel geht zu weit mit seinem Streich in Nürnberg.
Z. 53–54. „Die Sache will's!" = Die Situation erfordert, dass Till Eulenspiegel den Kranken droht.

3

A Till Eulenspiegel war schon als Kind ein Spaßmacher. – Z. 1–2

B Till Eulenspiegel kennt sich in ganz Deutschland aus, weil er schon nach kurzer Zeit aus den Orten fliehen muss. – Z. 6–10

C Der Krankenhausverwalter wendet sich aus Verzweiflung an Till Eulenspiegel. – Z. 16–20

D Till Eulenspiegel spricht mit jedem der Patienten einzeln, um den Patienten Angst einzujagen. – Z. 41–47

E Am Ende der Geschichte ist der Verwalter wütend, weil er Till Eulenspiegel blind vertraut hat. – Z. 80–82

Seite 26

4

a, b
Vorgeschichte Till Eulenspiegels (Z. 1–10): Till schon als Kind sehr frech, Streiche zunehmend gefährlicher, wechselt häufig den Ort, um nicht bestraft zu werden
Einleitung (Z. 11–35): Till kommt nach Nürnberg, gibt sich als Wunderdoktor aus, vereinbart mit Spitalsverwalter, alle Kranken zu heilen, soll 200 Gulden dafür bekommen
Hauptteil (Z. 36–71): Till droht Patienten, damit sie das Spital verlassen, Verwalter begeistert, zahlt Till 220 Gulden
Schluss (Z. 72–82): Kranke kehren ins Hospital zurück, erzählen von der Drohung, Verwalter wütend, wurde betrogen

5

a, b
Till Eulenspiegel: raffiniert, gerissen, schlau, frech, gemein
Krankenhausverwalter: naiv, vertrauensselig, leichtgläubig, einfältig, unfähig

6

Mögliche sprachliche Mittel und Beispiele:
– Vergleich (Übertreibung): „wechselte die Berufe öfter als das Hemd" (Z. 5 f.)
– anschauliche Adjektive: „ein fabelhaftes Rezept" (Z. 42 f.)
– treffende Verben: „humpelten" (Z. 60), „raste" (Z. 64)
– Spannungsmelder: „Und hier trieb er's ganz besonders bunt." (Z. 11 f.)

Was kannst du schon? – Grammatik

Seite 27

1 A Adjektive – **B** Präpositionen – **C** Nomen – **D** Pronomen – **E** Verben

2 A Nomen + Nomen – **B** Adjektiv + Adjektiv – **C** Nomen + Nomen – **D** Nomen + Nomen + Nomen

3 **Diese Adjektive könntest du gefunden haben:**
A dunkel – **B** löslich (Wortfamilie: auflösen); lösbar (Wortfamilie: lösen) – **C** ehrlich; ehrbar; ehrenhaft –
D zauberhaft – **E** freudig; freudlos; freudvoll – **F** kindisch; kindlich; kindhaft; kinderlieb; kinderlos; kinderleicht

4 gut – besser – am besten, hoch – höher – am höchsten

5 A + e – **B** + d – **C** + b – **D** + a – **E** + c

6 regelmäßige Verben: **A, C;** unregelmäßige Verben: **B, D**

Seite 28

7 A Vor dem Konzert strömen viele Schüler und Eltern in die geschmückte Aula.
B Viele Schüler und Eltern strömen vor dem Konzert in die geschmückte Aula.

8

Satz	Subjekt	Prädikat	Akkusativobjekt	Dativobjekt	adverbiale Bestimmung
1	A		B		
2			D		C
3	G	E		F	

9 A NS + HS – **B** HS + HS – **C** HS + NS – **D** HS + HS

10 A Das Konzert wurde unterbrochen, denn Max kam zu spät.
B Das Konzert wurde unterbrochen, weil Max zu spät kam.

Wortarten

Wiederholung: Nomen, Adjektive, Präpositionen und Pronomen

Seite 29

1 **Maskulinum:** (Horatio,) der Stein, (Raban,) der Kelch, der Elch, der Tisch, der Fisch –
Femininum: die Flöte, die Kröte, die Keule, die Eule, (Hermanda,) die Kohle –
Neutrum: das Schwein, das Fohlen

2 A Raban: Wem hat der alte Zauberer eine besondere Schreibfeder gegeben? (Dativ) = mir (Horatio)
B Raban: Wen (was) solltest du hundertmal notieren? (Akkusativ) = den gleichen Satz
C Raban: Wessen hast du dich bedient? (Genitiv) = der Feder
D Raban: Wer (was) wuchs mit jedem Satz auf deiner Nase? (Nominativ) = eine Warze
E Raban: Wen (was) soll ich aus den Ohren nehmen? (Akkusativ) = die Bohnen

Seite 30

3 **Mögliche Sätze:**
Der Bart von Merlin ist länger als die Bärte von Abrakadabra und Prof. Drachenfuß.
Der Bart von Prof. Drachenfuß ist länger als der von Abrakadabra, aber der Bart von Merlin ist am längsten.
Prof. Drachenfuß ist älter als Merlin, Abrakadabra ist am ältesten.
Prof. Drachenfuß ist jünger als Abrakadabra, Merlin ist jedoch am jüngsten.
Merlin ist größer als Abrakadabra, aber Prof. Drachenfuß ist am größten.
Merlin ist kleiner als Prof. Drachenfuß, aber Abrakadabra ist am kleinsten.
Merlin besitzt mehr Zauberbücher als Abrakadabra, Prof. Drachenfuß besitzt die meisten. /
    Merlin hat mehr Zauberbücher geschrieben als Abrakadabra, Prof. Drachenfuß hat jedoch die meisten verfasst.
Merlin besitzt weniger Zauberbücher als Prof. Drachenfuß, Abrakadabra besitzt die wenigsten. /
    Merlin hat weniger Zauberbücher verfasst als Prof. Drachenfuß, Abrakadabra hat die wenigsten geschrieben.

4 **a, b** Für den <u>mächtigen</u> Zaubertrank, der das Üben von Grammatik <u>überflüssig</u> macht, benötigst du diese Zutaten: Stelle einen <u>stabilen</u> Kochtopf auf das Feuer, wirf <u>faule</u> Zähne, <mark>tote</mark> Fliegen, eine <u>große</u> Spinne und <u>runde</u> Kellerasseleier hinein. Besorge dir nun <u>frische</u> Eier und <u>knusprige</u> Krötenfüße. Fülle das Ganze mit <u>altem</u> Drachenblut auf und lasse das <u>ekelhafte</u> Gebräu zehn Stunden kochen. Wenn du es trinkst, musst du nie wieder <u>lästige</u> Grammatik lernen! Klappt es nicht, hast du etwas <mark>falsch</mark> gemacht. Da hilft Lernen!

5 Ein Zauberschulhausmeister sorgt von / über /⟨mit⟩Hilfe magischer Reiniger und der Unterstützung⟨von⟩/ vom / bei Hausgeistern im /⟨in⟩/ über der Schule für Ordnung. Nachts hält er über /⟨auf⟩/ bei dem Schulgelände Wache und passt auf, dass die Schüler zu / vor /⟨in⟩ihren Zimmern bleiben. Dabei muss er sich⟨vor⟩/ gegen / auf ihren Streichen unter / über /⟨in⟩Acht nehmen.⟨Zu⟩/ An / Zur seinen Aufgaben gehört es, die Eingänge mit /⟨von⟩/ ohne Geheimgängen zuzugipsen oder die Post⟨auf⟩/ unter / über Eingeschmuggeltes zu überprüfen.

Seite 31

6 In der heutigen Stunde sollten die Schüler den Verschwindezauber üben, für den <u>sie</u> genaue Anweisungen erhielten. Dazu sollte sich jeder ein Mäuschen abholen. Auch Horatio holte sich <u>sein</u> Mäuschen. Es ließ sich von <u>ihm</u> aber nicht wegzaubern. <u>Er</u> hatte nämlich <u>seinen</u> Zauberstab falsch herum gehalten. Professor Drachenfuß war sehr wütend über seinen Fehler, weil <u>er</u> <u>ihn</u> schon mehrfach auf <u>diesen</u> hingewiesen hatte. Weil <u>er</u> vor Lachen seine Maus losließ und sie durchs ganze Klassenzimmer lief, musste <u>er</u> <u>diesen</u> Text aufschreiben.

7 er (1), diese (3), Sie/Er (1), unserer (2), dieser (3), sie/er (1), wir (1), unseren (2), Diese (3), solche (3), ihnen (1), Sie (1), solche (3), Ihr (2), meinen (2), Ihnen (1), mir (1)

Seite 32

1 **Hexenzwiebeln – Kräuterkunde bei Professorin Kraut**
Professorin Kraut verteilt ~~gestern~~/heute/~~bisher~~ Hexenzwiebeln, die umgepflanzt werden müssen. Sie ermahnt die Schüler: „Ihr müsst ~~überall~~/~~ungefähr~~/unbedingt Nasenklammern aufsetzen. ~~Nirgends~~/Schlimmstenfalls/~~Dazwischen~~ kann der Geruch einer Hexenzwiebel einem den Atem rauben." Hermanda packt ihre Zwiebeln oben/~~nacheinander~~/~~stets~~ am Bund und setzt sie ~~damals~~/~~davor~~/danach in einen neuen Topf. Professorin Kraut freut sich ~~keinesfalls~~/sehr/~~genug~~ über Hermandas Talent. Horatio ärgert sich über die Lehrerin: Sie hat ihm ~~wenigstens~~/~~stets~~/kurzerhand eine besonders übelriechende Zwiebel zugeteilt. Das musste ja so kommen!

2 **A** umsonst, jetzt, bereits – **B** sehr, deshalb, kaum, tagsüber, dahin –
C gestern, leider, irgendwo, darum, überall, sofort – **D** vielleicht, morgen, gern, deshalb

3 **Zeit:** jetzt – bereits – tagsüber – gestern – sofort – morgen
Ort: dahin – irgendwo – überall
Art und Weise: umsonst – sehr – kaum – leider – vielleicht – gern
Grund: deshalb – darum – deshalb

Die Tempora (Zeitformen) der Verben

Das Präsens und das Futur

Seite 33

1 Heute spielen Lucy, Susan, Edmund und Peter Verstecken (1). „Ich werde in den Wandschrank kriechen (3)", überlegt Lucy (1), „da können die anderen mich morgen noch suchen (2)!" Doch was ist das (1)? Der Schrank hat gar keine Rückwand (1), plötzlich steht Lucy auf einer verschneiten Lichtung (1). Gerade noch denkt sie: „Hoffentlich finde ich bald wieder nach Hause (2)", als sie ein seltsames Wesen entdeckt (1): Von der Mitte aufwärts hat es die Gestalt eines Mannes, aber es läuft auf zwei Ziegenbeinen und aus dem lockigen Haar ragen zwei Hörner hervor (1)! Es ist ein Faun (1)! „Das wird mir niemand glauben (3)", denkt Lucy noch, als der Faun erschrocken alles fallen lässt (1).

2 So solltest du verbunden haben:
A + f – B + d – C + a – D + c – E + b – F + g – G + e

13

Das Perfekt

Seite 34

1 So könnte Lucys Erzählung lauten:

> „Ich habe mich im Schrank versteckt. Hinten im Schrank bin ich plötzlich auf eine verschneite Lichtung gelangt. Da habe ich ein seltsames Wesen entdeckt: Es hat sich herausgestellt, dass es sich um einen Faun gehandelt hat, halb Mensch, halb Ziege! Er hat mich eingeladen. Wir sind gemeinsam zu seiner Wohnung gegangen. Dort hat der Faun ein Feuer gemacht, Tee gekocht und ein leckeres Essen zubereitet. Schließlich hat er mir noch spannende Geschichten erzählt. Später bin ich zur Lichtung zurückgekehrt, in den Schrank geklettert und wieder zu Hause angekommen."

2 Ich habe nicht geträumt! – Ich habe euch die Wahrheit gesagt! – Ich habe euch nicht angelogen!

Das Präteritum

Seite 35

1 A – schlafen, B – laufen, C – schreiben, D – kommen, E – singen,
F – sie vergaßen, G – sie suchte / sie suchten, H – wir entdeckten, I – er fiel, J – sie ging / sie gingen

2 a, b
Starke Verben: fallen – es fiel, laufen – sie lief, springen – er sprang, sehen – er sah, lesen – es las, bringen – sie brachte
Schwache Verben: üben – er übte; kaufen – es kaufte, hören – es hörte, lachen – er lachte, antworten – sie antwortete, spielen – sie spielte

3 Nach einigen Tagen spielten die Kinder wieder Verstecken. Edmund kroch in den Schrank. Doch was war das? Plötzlich landete etwas Feuchtes auf seinem Kopf. Es schneite. Er befand sich mitten in einem Wald. Auf einmal hörte er Glöckchengeläut und kurz darauf entdeckte er einen Schlitten mit Rentieren. Auf dem Schlitten saß eine riesige weiße Frau mit einer Krone auf dem Kopf, die Edmund streng musterte.

Das Plusquamperfekt

Seite 36

1 A geschwommen – B geschrieben – C geholfen – E geantwortet – F befohlen – G verloren
Lösungswort: Winter

2 X Nachdem Lucy durch einen Schrank in das sagenhafte Land Narnia gelangt war, ☐ traf sie dort einen Faun.
X Nachdem Lucy nach Hause zurückgekehrt war, ☐ erfuhr die Weiße Hexe Jadis von ihrem Besuch in Narnia.
☐ Sie schickte den Chef der Geheimpolizei zum Faun, X da der Faun den Besuch nicht gemeldet hatte.
Da der Faun der Weißen Hexe nicht gehorcht hatte, verwandelte sie ihn zur Strafe in einen Stein.

3 A ..., nachdem sie einem Rotkehlchen gefolgt waren.
B ..., nachdem alle frische Forellen verspeist hatten.
C ..., nachdem sich die Kinder gesetzt hatten.

Verben im Aktiv und Passiv

Seite 37

1 Aktiv: B, D
Passiv: A, C

2 a, b
B Diese Schandtaten wecken einen Drachen aus seinem Schlaf.
Durch diese Schandtaten wird ein Drache aus seinem Schlaf geweckt.
C Bald bedroht der Drache die Stadt Furth.
Die Stadt Furth wird vom Drachen bedroht.
D Nur der Ritter Udo kann den Drachen überwinden.
Der Drache kann nur von Ritter Udo überwunden werden.

3 F In höchster Not wird der Drache schließlich <u>von Udo</u> besiegt.
Ritter Udo sollte genannt werden, da nur er allein den Drachen besiegen konnte.
G Am Ende wird <u>von den Further Bürgern</u> ein großes Fest gefeiert.
Die Handelnden müssten nicht genannt werden, weil aus der vorhergehenden Schilderung hervorgeht,
dass die Further Bürger allen Grund zum Feiern haben.

Seite 38

1 Nicht nur in Furth werden Mittelalterfestspiele abgehalten (**Präsens**). In Landshut wird zum Beispiel die sogenannte
Landshuter Hochzeit begangen (**Präsens**). Nachdem um 1900 beschlossen worden war (**Plusquamperfekt**), die Hochzeit
Herzog Georgs mit Prinzessin Hedwig von Polen aus dem Jahr 1475 nachzuspielen, wurde das Festspiel 1903 zum ersten
Mal aufgeführt (**Präteritum**). Seither wird alle vier Jahre in der Stadt ein großer Festumzug veranstaltet (**Präsens**), der von
tausenden Zuschauern besucht wird (**Präsens**). Sicher wird das Fest auch in 100 Jahren noch gefeiert werden (**Futur I**).

2 B Er ist dort als größter Schreitroboter der Welt aufgeführt.
C Modernste Technik ist in seinem Inneren verborgen.
D Die Zuschauer sind beeindruck.

Seite 39

1 Für das Hütchenspiel **werden** drei Würfelbecher, eine kleine Kugel und eine glatte Unterlage **benötigt**.
Die drei Becher **werden** umgedreht auf die Unterlage **gestellt**. Unter einen der Becher **wird** die kleine Kugel **gelegt**.

2 a, b

<u>Die Becher werden beim ersten Durchgang langsam verschoben.</u> Der Mitspieler kann dem Becher

mit der Kugel leicht folgen. <u>Vom Mitspieler wird geraten, wo die Kugel ist.</u> <u>Die Aufgabe wird leicht gelöst.</u>

Der Mitspieler hat gewonnen. Er glaubt, das Spiel zu beherrschen. <u>Die Kugel wird erneut versteckt.</u>

<u>Die Becher werden vom Spielleiter erst langsam und plötzlich immer schneller verschoben.</u> <u>Vom Mitspieler</u>

<u>wird wieder getippt, wo sich die Kugel befindet.</u> <u>Wenn von dir die Becher schnell genug bewegt worden</u>

<u>sind</u>, kann er nur noch raten. Er wird wahrscheinlich verlieren.

c **Mögliche Überarbeitung der Spielanleitung:**
Verschiebe beim ersten Durchgang die Becher langsam, sodass der Mitspieler dem Becher mit der Kugel leicht
folgen kann. Anschließend rät er, wo die Kugel ist. Diese Aufgabe lässt sich leicht lösen. Der Mitspieler hat gewonnen
und glaubt, das Spiel zu beherrschen. Verstecke nun die Kugel erneut und verschiebe die Becher zuerst langsam
und plötzlich immer schneller. Lass den Mitspieler wieder tippen, wo sich die Kugel befindet. Wenn du die Becher
schnell genug bewegt hast, kann er nur noch raten und wird wahrscheinlich verlieren.

Mit Ober- und Unterbegriffen ordnen

Seite 40

1 **Diese Unterbegriffe könntet du notiert haben:**
Fortbewegungsmittel: Flugzeug, Auto, Fahrrad
Antriebsarten: Triebwerk, Motor, Pedale

2 **Mögliche Lösung:**
A Eisen, ~~Holz~~, Stahl, Blech: Metall
B schlau, klug, ~~lustig~~, dumm: Intelligenz
C viel, wenig, gut, ~~genug~~: Adjektive
D Rot, Blau, ~~Hell~~, Gelb: Farben

3 a **Mögliche Unterbegriffe:**
Passagierzahl: eine Person
Form des Segels: dreieckig
Größe: klein, groß, weit
Baumaterialien: Aluminium, Stoff, Plastik/Kunststoff
Farben: Orange, Weiß, Schwarz

4 **Mögliche Beschreibung des Hängegleiters:**
Der Hängegleiter ist ein kleines Fluggerät, das eine Person trägt. Das weite, dreieckige Segel in den Farben Orange, Weiß und Schwarz besteht aus Stoff. Es ist über ein großes Gestell aus Aluminium und Kunststoff gespannt.

Teste dich! – Wortarten, Aktiv und Passiv, Ober- und Unterbegriffe

Seite 41

1 7   2   1   3   6   5   4   8   2   1   10 Punkte
Diese tiefe Schlucht überflog ich gestern auf meinem wunderbaren Zauberteppich.

2 **A jagen:** er hatte gejagt – er jagte – er hat gejagt – er wird jagen   8 Punkte
B fliehen: er war geflohen – er floh – er ist geflohen – er wird fliehen

3 **A** Der Zaubertrank wird von Merlin gebraut.   2 Punkte
B Der Trank wird später von ihm probiert werden.

4 Zustandspassiv (Z): **A, B**   4 Punkte
Vorgangspassiv (V): **C, D**

5 V   N   A   N   A   V   6 Punkte
bilden   Spiegelbild   bildlich   Bildung   bildhaft   abbilden

6 **Mögliche Lösung:**   4 Punkte
Drache, Einhorn, Phönix, ~~Pferd~~: Fabelwesen
laut, ~~melodisch~~, leise, gedämpft: Lautstärke

Insgesamt zu erreichend Punktzahl: **34 Punkte**

Dialekte – Sprache der Region

Seite 42

1 individuelle Lösung

2 **a Übertragung:**
Ich werde nie fliegen können.
b Unterschiede:
Auf der Wortebene ist zu beobachten, dass Vokale stark vertreten sind und im Gegensatz zum Standarddeutschen die Wörter verkürzt sind, also z. B. werden Endungen weggelassen.
Auch die Verneinung wird im Dialekt verstärkt durch die beiden Wörter „nia ned".
Auch die Satzstruktur unterscheidet sich. Hier steht das Subjekt nicht an erster Stelle im Satz, sondern das zentrale Wort / die zentrale Aussage des Satzes.

3 **Übertragung:**
Und ich fliege auf und davon,
weil mich gar nichts halten kann
Und die Hitze auf meinem Rücken
und der Wind weht und ich spüre
Ich kann fliegen
b individuelle Begründung

4 **b Mädchen:** Maidlein, Dirnlein, Mädlein, Feel, Sputtl
Dienstag: Dienstag, Er(ch)tag, Mer(ch)tag, Aftermontag, Zi(n)stag
Zuckerbonbon: Gutschen, Zückerlein, Leckerlein, Zucker, Feuerstein, Flintstein, Bonbon, Zuckerlein, Schlecker, Zeltel, Gutel/ Gutlein, Guts(e)lein/Guts

Satzglieder unterscheiden – Detektivisches

Mit der Umstellprobe Satzglieder erkennen

Seite 43

1 a A Ein Detektiv beobachtet eine verdächtige Person unauffällig.
  B In den meisten Fällen übersieht der Verdächtige die Beschattung.

  b A Unauffällig beobachtet ein Detektiv eine verdächtige Person. –
    Eine verdächtige Person beobachtet ein Detektiv unauffällig.
    (Auch möglich: Eine verdächtige Person beobachtet unauffällig ein Detektiv.)
  B Der Verdächtige übersieht in den meisten Fällen die Beschattung. –
    Die Beschattung übersieht der Verdächtige in den meisten Fällen. –
    Der Verdächtige übersieht die Beschattung in den meisten Fällen.

2 A Eine Zeitung | hilft | jedem Detektiv. – Er | schneidet | kleine Löcher | in die Zeitung. –
    Durch die Löcher | sieht | er | die Umgebung. – Die Anwesenden | bemerken | nichts Auffälliges.
  B Kluge Detektive | sind | vorsichtig. – Jede schlaue Spürnase | besitzt | einen Taschenspiegel. –
    Dem Verdächtigen | zeigt | der Detektiv | den Rücken. – Der Spiegel | offenbart | dem Ermittler | Verdächtige.

Das Prädikat und das Prädikativ

Seite 44

1 a, b, c Prädikatsklammer, Personalform
  A Mit dieser geheimen Bilderschrift tauschten Ganoven Nachrichten aus.   – austauschen
  B Man konnte sie an Hauswänden, Zäunen oder Türen entdecken.   – können, entdecken
  C Durch die Zinken gaben sie Tipps und Warnungen weiter.   – weitergeben
  D Mit einer gezackten Linie haben sie ihre Kollegen vor einem bissigen Hund gewarnt.   – haben, warnen
  E Drei kleine Kreise zeigten großzügige Geldgeber als Bewohner an.   – anzeigen
  F Bei einem Kreuzchen mussten die Bettler weiterziehen.   – müssen, weiterziehen
  G Die Kollegen waren an diesen Haustüren ohne Erfolg geblieben.   – sein, bleiben

2 a, b Prädikat, Prädikative
  A Rotwelsch ist eine Mischung aus verschiedenen Sprachen.   – Bezugssubjekt: Rotwelsch
  B Durch diese Ganovensprache bleiben Gespräche unverständlich.
    (denn: Gespräche bleiben unverständlich.)   – Bezugssubjekt: Gespräche
  C „Polizist" heißt „Quetsch".   – Bezugssubjekt: Polizist
  D Mit viel „Kies" oder einer Menge „Blech" werden die Gauner reich.
    (denn: Die Gauner werden reich.)   – Bezugssubjekt: Gauner

Satzglieder erfragen – Das Subjekt und die Objekte

Seite 45

1 a,b
    A Die Polizeibehörde Scotland Yard hat einem Brettspiel den Namen gegeben.
      Wem hat Scotland Yard den Namen gegeben? einem Brettspiel = Dativobjekt,
      Wen oder was hat Scotland Yard einem Brettspiel gegeben? den Namen = Akkusativobjekt
    B Der Spielplan stellt den Londoner Stadtplan dar.
      Wer oder was stellt den Stadtplan von London dar? der Spielplan = Subjekt,
      Wen oder was stellt der Spielplan dar? den Stadtplan von London = Akkusativobjekt
    C Die Jagd nach Mister X bedarf einer guten Abstimmung.
      Wer oder was bedarf der guten Abstimmung? die Jagd nach Mister X = Subjekt,
      Wessen bedarf die Jagd nach Mister X? der guten Abstimmung = Genitivobjekt
    D Den Verbrecher Mister X muss ein einzelner Spieler spielen.
      Wer oder was muss den Verbrecher Mister X spielen? ein einzelner Spieler = Subjekt,
      Wen oder was muss ein einzelner Spieler spielen? den Verbrecher Mister X = Akkusativobjekt
    E Seine verdeckten Spielzüge verleihen dem Spiel Spannung.
      Wer oder was verleiht dem Spiel Spannung? seine verdeckten Spielzüge = Subjekt,
      Wem verleihen die verdeckten Spielzüge Spannung? dem Spiel = Dativobjekt,
      Wen oder was verleihen die verdeckten Spielzüge dem Spiel? Spannung = Akkusativobjekt

Seite 46

2 **Mögliche Sätze:**
A Mister X | gibt | den Mitspielern | das benutzte Verkehrsmittel | bekannt. –
B Die Detektive | umzingeln oder besetzen | die Spielposition von Mister X. –
C Den Titel „Spiel des Jahres 1983" | verlieh | man | dem Spiel Scotland Yard®.

3 a, b Der Flüchtige **schämt sich** seiner Tat offenbar nicht. Die Verfolger **bedürfen** einer gemeinsamen Taktik.
Die Agenten **harren** der weiteren Entwicklung. Nach Ergreifen des Täters **erfreuen sich** die Detektive bester Laune.
Vielleicht **besinnt sich** der Verbrecher durch seine Gefangennahme eines Besseren.

Seite 47

4 a, b **Mögliche Sätze:**
A Einige Menschen fragen <u>nach dem Preis der Lose</u>. (Wonach / Nach was fragen einige Menschen?) –
B Ein älterer Herr leidet <u>unter der Hitze</u>. (Worunter / Unter was leidet ein älterer Herr?) –
C Lars kümmert sich <u>um seinen kleinen Bruder</u>. (Worum / Um wen/was kümmert sich Lars?) –
D Die Polizisten suchen <u>nach einem Dieb</u>. (Wonach / Nach wem suchen die Polizisten?) –
E Der Dieb fürchtet sich <u>vor den Polizisten</u>. (Wovor / Vor wem fürchtet sich der Dieb?)

Mit adverbialen Bestimmungen genaue Angaben machen

Seite 48

1 A Die Täter sind <u>in den Keller</u> eingedrungen. – Wo?/Wohin? – adv. Best. des Ortes
B Sie haben die Tür <u>brutal und rücksichtslos</u> aufgestemmt. – Wie? Auf welche Weise? – adv. Best. der Art und Weise
C <u>Aus Vorsicht</u> haben die Eindringlinge keinen Lichtschalter betätigt. – Warum? – adv. Best. des Grundes
E Sie haben <u>an der großen freien Wand der Mensa</u> ein Bild hinterlassen. – Wo? – adv. Best. des Ortes
F Die Sprayer waren <u>die halbe Nacht</u> beschäftigt. – Wie lange? – adv. Best. der Zeit
G <u>Mit großer Sorgfalt</u> haben sie alle Spuren beseitigt. – Wie? – adv. Best. der Art und Weise
H Die Täter sind <u>zu Fuß</u> geflohen. – Wie? – adv. Best. der Art und Weise
I Die leeren Dosen haben sie <u>in einem Mülleimer</u> entsorgt. – Wo? – adv. Best. des Ortes

2 **Mögliche Fragen nach weiteren Informationen zum Tathergang:**
Auf welche Weise wurde die Tat vorbereitet? – Wie sind die Täter vorgegangen? – Womit haben die Täter ihr Bild angefertigt? –
Wo wurden die Materialien gekauft? – Wo genau sind sie in den Keller eingedrungen? – Warum hat sie niemand gesehen? –
Weswegen haben sie die leeren Spraydosen fortgeworfen?

Seite 49

3 Am 26.7.20XX wurde der Täter Jan E. in seiner Wohnung im Stadtteil Westend, Remigiusweg 16a angetroffen.
Wegen der Farbreste an seiner Kleidung bestand kein Zweifel, dass der junge Mann der Täter war.
Schon nach wenigen Minuten gestand er die Tat freimütig. Er ließ sich ohne Widerstand abführen.

4 über die möglichen Konsequenzen: Präp.-O. – für ihre moderne Architektur: Präp.-O. –
aus Übermut: A kausal – in der Mensa: A lokal – über unser Kunstwerk: Präp.-O. –
von dem Polizeieinsatz: Präp.-O. – Am nächsten Morgen: A temporal

Das Attribut als Teil eines Satzglieds

Seite 50

1 **Mögliche Wortgruppen:**
entscheidende Fragen, Lösung des Falles, geheimnisvolle Informationen, rätselhafter Mord,
Detektivgeschichten für besonders kluge Köpfe, beinahe unlösbarer Fall, Zeugenaussagen mit Widersprüchen,
Nachforschungen ohne Ergebnis, Geschichte für Hobbydetektive, genaue Antworten

2 **a, b** (Markierung: Satzglied mit Attribut)

A Ein älteres Ehepaar kommt nach Hause.

B Plötzlich hören sie im Keller des Hauses merkwürdige Geräusche.

C Der Mann nimmt zwei Messer und will den Dieb stellen.

D Ein unüberhörbares, verdächtiges Rumpeln lässt ihn erschauern.

E Er öffnet die quietschende Kellertür.

F Da sieht er die Katze der Nachbarn verschreckt in der Ecke sitzen.

Seite 51

3 **a** Listiges Hausschwein mit Spürsinn — Tierheld des Tages: Filou —

Körniger Finderlohn eines Wellensittichs —   Bello, Retter auf vier Pfoten, besucht Schulkinder —

Verrückte Hennen ohne Mut rennen davon

b **Adjektivattribut:** Listiges, Körniger, Verrückte — **präpositionales Attribut:** mit Spürsinn, ohne Mut —
Genitivattribut: des Tages, eines Wellensittichs — **Apposition:** Retter auf vier Pfoten

4 A Lärmende Katze ohne **verbrecherische** Absichten – 3 Attribute   (1 Attribut ist in ein anderes eingebettet)

B Ratten sind gefürchtete Schrecken **ängstlicher** Hausbesitzer – 3 Attribute   (1 Attribut ist in ein anderes eingebettet)

5 (Markierungen: Apposition, Bezugswort)
Paul, mein Nachbar, kennt ungewöhnliche Geschichten. Neulich erzählte er von einem Dackel, einem äußerlich
ganz normalen Tier, das zum Dieb dressiert wurde. Er gehörte einem Jungen, dem Sohn des Hausmeisters der
Schule. Er soll dem Dackel beigebracht haben, durch die Hintertür in fremde Häuser, alles Gebäude mit Garten,
zu schlüpfen. Dort entwendete der vierbeinige Einbrecher zielsicher die Wurst, seine Lieblingsspeise, aus
einem für eine Hundenase leicht zu findenden Raum, nämlich der Speisekammer.

Texte überarbeiten mit Hilfe von Proben

Seite 52

1 **Mögliche Begründung:**
Die stete Wiederholung des Subjekts „Inspektor Casper" am Satzbeginn muss vermieden werden.
Die Satzanfänge wirken eintönig.

2 **a** **Mögliche Verbesserung (Ersatzprobe):**
Inspektor Casper schaute den roten Sportwagen der Luxusklasse, der vor der Villa Hortensia stand, in aller Ruhe an.
~~Inspektor Casper~~ **Er** stellte an der Lackierung des rechten Kotflügels keine Schäden fest. ~~Inspektor Casper~~ **Der Ermittler**
prüfte die Lackierung anhand einer Farbtabelle des Herstellers. Inspektor Casper war auf der Suche nach dem Fahrer
eines kirschroten Unfallwagens, der vor drei Tagen gegen 20:30 Uhr einen Fahrradfahrer angefahren und Unfallflucht begangen hatte. ~~Inspektor Casper~~ **Er** hatte an der Unfallstelle rote Lackspuren und Splitter eines Scheinwerfers entdeckt.

b **Mögliche Verbesserung (Umstellprobe):**
Inspektor Casper schaute den roten Sportwagen der Luxusklasse, der vor der Villa Hortensia stand, in aller Ruhe an.
An der Lackierung des rechten Kotflügels stellte **er** keine Schäden fest. **Anhand einer Farbtabelle des Herstellers**
prüfte **der Ermittler** die Lackierung. **Der Inspektor** war auf der Suche nach dem Fahrer eines kirschroten Unfallwagens,
der vor drei Tagen gegen 20:30 Uhr einen Fahrradfahrer angefahren und Unfallflucht begangen hatte. **An der Unfallstelle** hatte **Casper** rote Lackspuren und Splitter eines Scheinwerfers entdeckt.

Seite 53

3 Mögliche Textergänzungen (Erweiterungsprobe):

Der Ermittler klingelte an der Haustür der Villa, die Jack Cobb gehörte. Cobb, **der Besitzer des Sportwagens**, öffnete, er wirkte **beim Anblick des Dienstausweises** sehr gelassen. „Waren Sie vor drei Tagen **in der Nähe von Glasgow** mit Ihrem italienischen Flitzer unterwegs?", fragte Casper. „Ich war **seit Jahren** nicht in der Gegend. Was ist passiert?", erwiderte Cobb. „Ein Junge wurde **von einem Fahrzeug, wie Sie es fahren**, angefahren", erklärte Casper. „Man fand Lacksplitter. Mit der Speziallackierung Kirschrot wurden nur zwanzig Wagen **nach England** geliefert. Wir überprüfen **wegen des Unfalls** alle diese Fahrzeuge." Cobbs Gesichtsausdruck blieb bei diesen Erklärungen unbewegt. „Sie haben keine Unfallspuren gefunden. Kotflügel und Scheinwerfer **meines Wagens** sind in Ordnung. Lassen Sie mich in Ruhe!" „Haben Sie ein Alibi für den Abend der Tat?", fragte der Inspektor. „Tut mir leid. Ich habe **allein** in meinem Büro gearbeitet. Aber ich habe nichts mit dem Unfall **des Radfahrers** zu tun." „O doch, das haben Sie!", erwiderte Casper.

4 Mögliche Verbesserung (Weglassprobe):

„Mister Cobb, Sie haben sich ~~mehrfach~~ in eine ganze Reihe von ~~mehreren~~ Widersprüchen verstrickt. Mit Sicherheit kann ich ~~gewiss~~ sagen, dass Sie ~~sicherlich~~ ohne jeden Zweifel der Unfallfahrer sind." „Sie können mir nichts anhaben." „Und ob", triumphierte der Inspektor. „Es gibt einen eindeutigen Beweis. Mit diesem ~~Beweis~~ kann ich Sie überführen." Was war Inspektor Casper bei der Befragung aufgefallen?

5 Mister Cobb hat sich verraten, weil nur der Täter wissen konnte, welche Fahrzeugteile nach dem Unfall beschädigt (und inzwischen wieder repariert) waren. Inspektor Casper hatte ihm diese Informationen noch gar nicht mitgeteilt.

Teste dich! – Satzglieder und Attribute

Seite 54

1 A Der raffinierte Dieb (Subjekt) | übergab (Prädikat) | seine Beute (Akk.-Obj.) | 14 Punkte
unauffällig (adv. Best. der Art und Weise) | im Bahnhof (adv. Best. des Ortes).

B Wegen einer Zugverspätung (adv. Best. des Grundes) | misslang (Prädikat) |
ihm (Dat.-Obj.) | die Flucht (Subjekt).

C Lotte (Subjekt) | erkannte (Prädikat) | ihn (Akk.-Obj.) | sofort (adv. Best. der Zeit) |
an seinen dreckigen Schuhen (Präpositionalobjekt).

2 A Adjektivattribut – B präpositionales Attribut – C Genitivattribut – D Apposition   4 Punkte

3 Richtig sind die Aussagen **A** und **D.** Falsch sind die Aussagen **B** und **C.**   4 Punkte

Insgesamt zu erreichend Punktzahl: **22 Punkte**

Satzreihe und Satzgefüge

Seite 55

1 a, b Das ungewöhnliche Buch „Die Entdeckung des Hugo Cabret" von Brian Selznick bleibt den Lesern im Gedächtnis, [denn] es ist ein Roman in Worten und Bildern. Ein Teil der Buchseiten enthält eine erzählte Geschichte, [aber] der größte Teil des Buches zeigt doppelseitige Bleistiftzeichnungen. Auf den Leser wirkt der Roman wie ein Bilderbuch oder ein Film, [denn] die Zeichnungen erzählen die Geschichte weiter. Das Buch liegt mit über 500 Seiten schwer in der Hand, [doch] der Roman ist selbst für Lesemuffel kein schwerer Brocken. Eine Seite Text führt in die Geschichte ein(,) [und] auf den nächsten 42 Seiten folgen ausschließlich Bilder. Der Leser schaut der Hauptfigur Hugo nicht sofort über die Schulter, [sondern] sein Blick wird wie mit einem Zoomobjektiv vom Mond über den Eiffelturm und einen großen Bahnhof in Paris langsam immer näher an den Jungen herangeführt.
Plötzlich verschwindet Hugo hinter einer der riesigen Bahnhofsuhren.

2 Mögliche Satzreihen (die nebenordnenden <u>Konjunktionen</u> sind unterstrichen):

A Die Hauptfigur des Romans heißt Hugo Cabret, <u>denn</u> der Roman erzählt von seinem geheimen Leben in den Gemäuern des Bahnhofs.

B Ganz allein kümmert er sich um die großen Uhren im Bahnhof, <u>denn</u> sein Onkel, der Uhrenwächter, ist seit Monaten verschwunden.

C Auf seinen Runden durch die verborgenen Gänge des Bahnhofs zieht Hugo die Uhren auf(,) <u>und</u> er ölt die Mechanik.

D Keinesfalls will Hugo auffallen, <u>aber/doch</u> sein geheimes Leben ist in Gefahr.

Seite 56

3 a, b, c

Der Waisenjunge Hugo besitzt zwei geheime Schätze, [die] die Erinnerung an seinen verstorbenen Vater bewahren. Es handelt sich um einen kaputten Automatenmenschen und ein Notizbuch. Hugo will den Automaten unbedingt reparieren, [weil] sein Vater jahrelang an diesem mechanischen Menschen arbeitete. Er glaubt fest daran, [dass] ihm dieses Kunststück gelingt. Zum Glück enthält das Notizbuch seines Vaters wichtige Informationen, [die] Hugo bei der Wiederherstellung helfen. [Wenn] der Automatenmensch sich endlich wieder bewegt, schreibt er hoffentlich eine persönliche Botschaft des Vaters für Hugo auf. Das Material für die Reparaturen stiehlt Hugo in einem Spielwarenkiosk, [den] ein schrulliger alter Mann im Bahnhof betreibt. [Obwohl] Hugo sehr vorsichtig vorgeht, ertappt ihn der Alte eines Tages bei einem Diebstahl. [Was] zuerst wie ein großes Unglück erscheint, entpuppt sich letztlich als Hugos Glück. Der Spielwarenhändler hat eine Enkelin, [die] Isabelle heißt. Der Automatenmensch erwacht, [da] Isabelle den passenden Schlüssel an einer Kette um den Hals trägt, mit ihrer Hilfe zum Leben und beginnt zu zeichnen.

4 Der Automatenmensch erwacht, da Isabelle den p nden Schlüssel an einer Kette um den Hals trägt,
⎯⎯⎯ Hauptsatz (Teil 1) ⎯⎯⎯ , ⎯⎯⎯⎯⎯ Nebensatz ⎯⎯⎯⎯⎯ ,

mit ihrer Hilfe zum Leben und beginnt zu zeichnen.
⎯⎯⎯ Hauptsatz (Teil 2) ⎯⎯⎯ .

Der Relativsatz

Seite 57

1 a, b In dem Buch „Der durch den Spiegel kommt" erzählt Kirsten Boie sehr spannend von einem Abenteuer, [das] in einer fremden Welt stattfindet. Die Hauptfigur ist das Mädchen Anna, [das] sich selbst nicht besonders mutig oder hübsch findet. Ein Spiegel, [den] Anna zufällig auf dem Weg zum Supermarkt findet, erweist sich als Zauberspiegel. Die silberne Seite, [die] Anna zuerst erblickt, spiegelt ihre normale Umgebung wider. Die goldene Seite aber bringt sie in ein fremdes Land, [das] zunächst ganz idyllisch auf sie wirkt. Die ersten Menschen, [welche] ihr in diesem Traumland begegnen, machen ihr eines bald deutlich: Anna ist die Heldin, [die] sie schon lange erwarten.

2 a, b

A Ein Kaninchen, [das] neben dem Spiegel sitzt, wird Annas frecher Begleiter.

B Abends kehren sie in ein Gasthaus ein, [das] am Weg liegt.

C Am Morgen flehen Anna alle Menschen, [die] ins Gasthaus geströmt sind, um Hilfe an.

D Das Mädchen, [das] völlig verwirrt ist, sehnt sich zurück in die Welt, die ihm vertraut ist.

Die Adverbialsätze

Seite 58

1 a, b [Nachdem] Anna mit verschiedenen Personen gesprochen hat (Temporalsatz), begreift sie langsam das Problem des Landes auf der anderen Seite. Der schreckliche Evil versetzt die Menschen in ständige Angst, [indem] er seine grausame Herrschaft unentwegt ausdehnt (Modalsatz). [Während] die Bewohner arglos auf dem Feld arbeiten (Temporalsatz), werden sie von Evils Soldaten rücksichtslos geraubt. Schließlich macht sich das Mädchen, [da] es großes Mitleid mit den Menschen empfindet (Kausalsatz), auf den Weg. [Bevor] Evil das Land ganz in seinem Griff hält (Temporalsatz), will Anna ihn besiegen. Der Spiegel verleiht ihr Mut, [weil] sie mit seiner Hilfe jederzeit nach Hause zurückkehren kann (Kausalsatz).

2 A Bevor Anna Evils Burg erreicht, muss sie viele gefährliche Hindernisse überwinden.
B Anna schöpft immer wieder neuen Mut, weil/da ihr ein Freund hilft.
C Anna besteht alle Abenteuer, indem sie Mut und Klugheit anwendet.

Subjekt-und Objektsätze

Seite 59

1 a, b

A Wie beliebt Sherlock Holmes immer noch ist, zeigen die vielen neuen Verfilmungen.
Frage: Wen oder was zeigen viele Verfilmungen? = Objektsatz

B Allseits bekannt ist, dass ihn sein Gehilfe Dr. Watson stets unterstützt.
Frage: Wer oder was ist allseits bekannt? = Subjektsatz

C Wer den Meisterdetektiv mag, dürfte sich auch für die moderne Buchreihe „Young Sherlock Holmes" begeistern.
Frage: Wer oder was dürfte sich auch für die moderne Buchreihe „Young Sherlock Holms begeistern? = Subjektsatz

D Ob man die neuen Fälle genauso gut findet wie die alten, muss jeder für sich selbst entscheiden.
Frage: Wen oder was muss jeder für sich entscheiden? = Objektsatz

2 Wer Kriminalromane liest, bekommt spannende Unterhaltung geboten.
●●● Der Leser wünscht sich stets, dass der Detektiv den Schurken überwältigt.

Teste dich! – Satzreihe und Satzgefüge

Seite 60

1 Die Aussagen **B, D,E** und **F** treffen zu, die Aussagen **A** und **C** treffen nicht zu.   6 Punkte

2 **Mögliche Satzgefüge:**   2 Punkte
A Der „Hobbit", der von von J. R. R. Tolkien stammt, wurde erstmals 1957 ins Deutsche übersetzt.
B Die Hauptfigur Bilbo Beutlin, die im idyllischen Auenland lebt, ist ein Hobbit.

3 a, b   (je 6 Punkte) 12 Punkte

A Als der Zauberer Gandalf auftaucht, verändert sich Bilbos geruhsames Leben grundlegend.
= Adverbialsatz (temporal)

B Gemeinsam mit 13 Zwergen, die den Schatz ihrer Vorfahren zurückerobern wollen,
stürzt er sich in ein gefährliches Abenteuer. = Relativsatz

C Dass er einmal den Kampf mit bedrohlichen Gegnern aufnehmen würde,
hätte Bilbo sich nie träumen lassen. = Objektsatz

D Immer wieder rettet der Hobbit seine Gefährten, indem er Mut und Scharfsinn an den Tag legt.
= Adverbialsatz (modal)

E Mit Hilfe eines geheimnisvollen Rings, der seinen Besitzer unsichtbar machen kann,
übersteht Bilbo zahlreiche brenzlige Situationen. = Relativsatz

F Ob das Abenteuer glücklich enden wird, bleibt dennoch lange ungewiss. = Subjektsatz

Insgesamt zu erreichend Punktzahl: **20 Punkte**

Zeichensetzung

Das Komma im Satzgefüge

Seite 61

1 a, b   Was macht man als Papagei, wenn man nach einem unerlaubten Ausflug nicht mehr nach Hause findet?
Es wäre klug, wenn man einer Person seines Vertrauens seine Adresse verrät. Als die Polizei in der Nähe von Tokio
einen Afrikanischen Graupapagei auf einem fremden Grundstück fand, brachte sie ihn sogleich auf die Polizeiwache.
Nach einer Nacht, in der er völlig sprachlos war, brachten die Beamten den verstörten Vogel in eine Tierklinik.
Obwohl sie durchaus freundlich zu dem Tier waren, beachtete es niemanden. Vielleicht sprach der Papagei nicht
mit den Beamten, weil sie eine für Papageienaugen unschöne Uniform trugen.

2 a, b
A ⟨Als⟩ der entflogene Papagei in die Tierklinik kam, änderte sich sein Verhalten vollkommen.
B Der Vogel, der bislang ziemlich unbewegt schien, hatte nun offensichtlich großes Interesse an seiner Umgebung.
C ⟨Wenn⟩ jemand den Raum betrat, begrüßte er diesen besonders freundlich.
D Er plapperte beinahe unaufhörlich, ⟨aber⟩ das belanglose Geschwätz half in keiner Weise weiter.
E ⟨Als⟩ ein Tierwärter dem Vogel jedoch etwas genauer zuhörte, sprach dieser die entscheidenden Worte.
G Dort fand die Polizei dann tatsächlich die Besitzer, die ihren Papagei überglücklich in Empfang nahmen.

c Außer Satz **F** sind alle Sätze Satzgefüge.

Das Komma bei Aufzählungen

Seite 62

1 Drei Wochen lang verbrachte der Kater Arthur in einem großen Container ohne Futter, ohne Wasser, sogar ohne frische Luft. Arthur wird als sehr jugendlich, aufgeweckt, niedlich und zutraulich beschrieben. Er wirkt wohl nicht besonders kräftig, schön oder sonst in irgendeiner Weise auffällig. Er war in Pompano Beach in Florida zu Hause, wo er gern die Nachbarkatze Emily besuchte, mit ihr spielte und manchmal auch gern einen kleinen Ausflug mit ihr machte.

2 Als der Besitzer von Emily seinen Umzug in das 4 000 Kilometer entfernte Phoenix plante, zweifelte er keinen Augenblick daran, dass er seine <u>sowohl</u> geliebte <u>als auch</u> wertvolle Katze mitnehmen würde. Sehr zum Leidwesen von Arthur, der die sichtbaren <u>und</u> hörbaren Anzeichen des Umzugs sogleich bemerkte. In einem unbeaufsichtigten Moment muss der Kater <u>entweder</u> in einen Umzugskarton <u>oder</u> gleich in den Container geklettert sein. Drei Wochen lang hörte man <u>weder</u> sein klägliches Miauen <u>noch</u> sein verzweifeltes Kratzen. Doch dann wurde endlich ein Lagerarbeiter hellhörig <u>und</u> öffnete unter Videoaufsicht den Container: Heraus kam ein abgemagerter, ausgetrockneter <u>sowie</u> sichtlich geschwächter Kater.

3 Arthurs Besitzer Carl wurde schnell ausfindig gemacht und telefonisch benachrichtigt. Er hatte Arthur eigentlich schon aufgegeben und spielte mit dem Gedanken, einen Hund, ein Hängebauchschwein oder gar ein Pferd anzuschaffen, weil es keinen zweiten Kater wie Arthur gebe, der so liebevoll, schlau und auch noch anhänglich sei. Nun plant er eine große Wiedersehensparty mit Katzenleckerli, frischem Fleisch, Knabberstängli, aber auch Spritzigem und sowohl Süßem als auch Saurem für die zweibeinigen Gäste.

Zeichensetzung bei der wörtlichen Rede

Seite 63

1 a, b
A Er bittet den Kellner**:** „<u>Bringen Sie mir doch ein großes Schokoladeneis mit Sahne</u>**.**"
B „Das ist ja ganz außerordentlich**!**"**,** ruft die Dame**.**
C „<u>Da stimme ich Ihnen voll und ganz zu</u>"**,** antwortet der Kellner**,** „<u>sonst bestellt er immer nur Vanilleeis</u>**.**"

2 **Mögliche Witze:**
Witz I: Zwei Hundebesitzer treffen sich beim Spaziergang. Herr Schmitz fragt Herrn Meier ganz besorgt: „Was bist du denn so traurig?" „Ach, mir ist gestern mein Hund weggelaufen", antwortet der Befragte. „Na, dann gib doch eine Suchanzeige auf!", schlägt Herr Schmitz vor. „So eine dumme Idee", wendet Herr Meier ein, „mein Hund kann doch nicht lesen."
Witz II: Ein Vogel beobachtet, wie eine Schnecke im Winter auf einen Apfelbaum kriecht. „Was willst du denn mitten im Winter auf dem Apfelbaum?", fragt der Vogel ganz erstaunt. „Mich in einen Apfel hineinfressen", antwortet die Schnecke mit großer Selbstverständlichkeit in ihrer Stimme. „Aber schau mal", wirft der Vogel ein, „es sind noch gar keine Äpfel am Baum." Da erwidert die Schnecke: „Wenn ich oben bin, schon!"

Teste dich! – Zeichensetzung

Seite 64

1 A In einem Satzgefüge werden Haupt- und Nebensatz ~~nie~~/immer durch ein Komma abgetrennt.
B Der Nebensatz wird meist durch ~~Adverb~~/Konjunktion oder Relativpronomen/~~Personalpronomen~~ eingeleitet und die Personalform des Verbs steht im Nebensatz immer an ~~zweiter~~/letzter Satzgliedstelle.
C Wörter oder Wortgruppen werden in Aufzählungen durch ~~Satzschlusszeichen~~/Komma getrennt, es sei denn, sie werden durch ~~unterordnende~~/nebenordnende Konjunktionen wie z. B. und/~~aber~~ verbunden.
D Wörtliche Rede steht in ~~Satzschlusszeichen~~/Anführungszeichen. Der Redebegleitsatz kann ~~neben~~/zwischen, vor/~~unter~~ sowie ~~über~~/nach der wörtlichen Rede stehen. 11 Punkte

2 Der Papagei eines Verstorbenen ☐ soll versteigert werden. Der Auktionator nennt zunächst den Preis von 50 Euro ☐, dann von 100 Euro ☐ und zuletzt von 200 Euro. Weil Frau Müller das schöne Tier unbedingt haben will ☐, bietet sie mit. Nach einiger Zeit ☐ fällt ihr auf ☐, dass ein anderer offensichtlich auch ☐ weder Kosten ☐ noch Mühe scheut, den Papagei zu besitzen. Als es ihr jedoch bei 1500 Euro zu bunt wird ☐, ruft sie in die Runde: „Das ist mein letztes Gebot." Nachdem Frau Müller ☐ beim Auktionator bezahlt hat ☐, merkt sie an: „Obwohl das Tier wirklich traumhaft schön und begehrenswert ist ☐, wollte ich eigentlich nicht so viel Geld ausgeben. Ich würde mich freuen ☐, wenn der Vogel wenigstens spricht." „Was glauben Sie, wer gegen Sie geboten hat" ☐, antwortet der Auktionator ☐, der nicht einmal mit der Wimper zuckt. 15 Punkte

3 a, b Ein Mann kommt in eine Zoohandlung und verlangt: „Zehn Ratten bitte." „Wozu brauchen Sie die denn?"<u>, wundert sich der Verkäufer.</u> „Ich habe meine Wohnung gekündigt"<u>, antwortet der Kunde,</u> „und muss sie so verlassen, wie ich sie vorfand." (je 3 Punkte) 6 Punkte

Insgesamt zu erreichend Punktzahl: **32 Punkte**

Was kannst du schon? – Rechtschreibung

Seite 65

1 **a** Abend|stern – Sonnen|untergang – Morgen|dämmerung –
Ferien|frühstück – Frei|bad|wetter – Spitzen|leistung

b Abend-stern – Son-nen-un-ter-gang – Mor-gen-däm-me-rung –
Fe-ri-en-früh-stück – Frei-bad-wet-ter – Spit-zen-leis-tung   6 Punkte

2 Sand + versanden – Staub + abstauben – richtig + berichtigen –
Halbzeit + halbieren – Liebling + verlieben   5 Punkte

3 Nähte + Naht – wälzen + Walze – unverkäuflich + kaufen – aufräumen + Raum –
Zäune + Zaun – rätselhaft + raten – gläubig – Glaube/glauben – erklären + klar   8 Punkte

4 Platzkarten – Geschenkpapier – schmücken – Katze – Herzen – Holzstückchen (2 P.) –
spitzer – antrocknen – Moosgummimotiv – nimmst – Schiff – schnell – Presse – Mitte –
Stempelkissen – kannst – Schwammtuch – pinselst   19 Punkte

5 **Abgebildet sind:** Bohnen – Aal – Boot – Haare – Dose – Stuhl – Blume – Fohlen

Seite 66

6 **Wörter mit i:** Liter – Margarine – Benzin;
Wörter mit ie: frieren – schieben – verschieden;
Wörter mit ih: ihre;
Wörter mit ieh: sieht – flieht   9 Punkte

7 **a** **Zu umkreisen sind:**
A naß – **B** Schloß – **C** wißbegierig – **D** Hundebiß –
E Badespass – **F** Einlaß – **G** Erlebniss – **H** Fleiskärtchen   8 Punkte

b **A** nass – **B** Schloss – **C** wissbegierig – **D** Hundebiss –
E Badespaß – **F** Einlass – **G** Erlebnis – **H** Fleißkärtchen   8 Punkte

8 Umwelt – Kunststoff – Meer – Schaden – Verbot –
Steuer – Kunststofftaschen – Kopf – Jahr – Verbrauch   10 Punkte

9 Es ist kein Fehler in **B, C** und **E**. Je ein Fehler ist in **A** (beim Einkauf) und **D** (die eigene Herstellung).   5 Punkte

Fehler vermeiden – Tipps zum Rechtschreiben

Zusammengesetzte Wörter in Einzelwörter zerlegen – Wortbausteine erkennen

Seite 67

1 **a** Kiefern|holz|kiste – Zeichen|trick|filme – Tier|kranken|haus
b **Silben:** Kie-fern-holz-kis-te – Zei-chen-trick-fil-me – Tier-kran-ken-haus
c **mögliche neue Wörter:**
Holztier – Spielfilm – Fußballtrick – Trickkiste – Tierkiefer – Spielball – Holzhaus – Ballkiste – Trickspiel – Filmkiste

2 **A** Vor|trag – vor|dem – vor|fahren – Vorder|reifen – vor|hin – Vor|jahr – vor|laut
B Ent|gegen|kommen – ent|lang|fahren – Ent|deckung – Enten|braten – ent|schieden – ent|zwei – ent|weder
C Moos|rös|chen (= Moos + Rose) – mäus|chen|still (= Maus + still) – Som|mer|blüs|chen (= Sommer + Bluse) –
Garten|häus|chen (= Garten + Haus) – Tee|gläs|chen (= Tee + Glas) – Rüschen|kleid (= Rüsche + Kleid)
D ver|dammt – ver|zweifelt – Ver|weigerung – Ver|zinsung – ver|derben – Verb|form – Ver|dachts|moment

3 **a** die Vorankündigung – die Forelle – vorbeibringen – die Fortbildungsmaßnahme – zuvorderst –
unvorhergesehen – die Forstwirtschaft – fortsetzen – das Forum – vorurteilsfrei – formbar
b **Wörter mit V-/v-:** die Vorankündigung – vorbeibringen – zuvorderst – unvorhergesehen – vorurteilsfrei
Wörter mit F-/f-: die Forelle – die Fortbildungsmaßnahme – die Forstwirtschaft – fortsetzen – das Forum – formbar

Wörter verlängern

Seite 68

1 **Nomen:** Körbe – der Korb; Kriege – der Krieg; Gelder – das Geld
Adjektiv: schmutziger – schmutzig; billiger – billig; wütender – wütend
Verb: nagen – es nagt; schenken – er schenkt; fliegen – es fliegt; reiben – sie reibt

2 **a, b Mögliche Verlängerungswörter:**
Nomen: Abende – Abend; Norden – Nord | west, Strände – Strand; Bäder – Bad;
Sande – Sand; halbe – Halb | insel; Öde – Ödnis; Länder – Land; Berge – Berg
Adjektiv: vergnügter – vergnügt; trauriger – traurig
Verb: treiben – treibt

Verwandte Wörter suchen

Seite 69

1 A ~~Mitwoch~~ oder Mittwoch? Mitte, mittendrin
B ~~Erlepnis~~ oder Erlebnis? erleben, lebendig
C Gießkanne oder ~~Gieskanne~~? gießen, Gießer
D Flugzeug oder ~~Flukzeug~~? fliegen, Flüge
E ~~Abziebild~~ oder Abziehbild? abziehen, Ziehung
F Nähnadel oder ~~Nänadel~~? nähen, Näherin

2 B Bäder   ~~bleulich~~   bärtig   Blende
   Bad   blau, bläulich   Bart   –
 C Päckchen   Pässe   ~~pepstlich~~   Perle
   packen   Pass   Papst, päpstlich –
 D gräulich   Gäbelchen   ~~Gleubigkeit~~   Geräusch
   grau oder Grauen Gabel   Glaube, Gläubigkeit rauschen
 E Männchen   ~~Meuserich~~   Meute   Mäuerchen
   Mann   Maus, Mäuserich   -   Mauer

Fremdwörter richtig schreiben

Seite 70

1 **Griechisch:** Rhythmus, Pädagogik –
Latein: negativ, Generation, Industrie –
Französisch: Kontrolleur, Ingenieur –
Englisch: Community, Hype

2 Inter | view = Befragung; Alter | native = andere Möglichkeit; Funk | tion = Amt, Stellung, Tätigkeit;
Anti | pathie = Abneigung; präsen | tieren = vorstellen, zeigen; Experi | ment = wissenschaftlicher Versuch;
Reflex | ion = Rückstrahlung von Licht, Wärme, Schall; Vertiefung in einen Gedankengang, Betrachtung;
trans | parent = durchsichtig

3 **a, b Mögliche Übersetzungen und Begründungen:**

Fremdwort	deutsche Übersetzung	Verwenden würde ich ...
Coffee to go	Kaffee zum Mitnehmen	... die deutsche Übersetzung, da ich diese als eindeutiger und verständlicher empfinde.
Community	die Gemeinschaft	... beide Wörter. „Community" würde ich aber nur im virtuellen Bereich einsetzen.
Ticket	die Fahrkarte, die Eintrittskarte	... beide Wörter. Aus sprachökonomischen Gründen verwende ich gern „Ticket". Um aber etwas genauer zu spezifizieren, verwende ich die deutsche Übersetzung.
Location	die Räumlichkeit	... beide Wörter. Auch hier kommt es für mich auf den Kontext der Verwendung an.
chillen	entspannen, ausruhen	... beide Wörter. „Chillen" verwende ich aber nur, wenn ich mit meinen Freunden oder anderen Gleichaltrigen spreche.

Üben macht sicher – Regeln zum Rechtschreiben

Kurze Vokale

Seite 71

1 b Holzwurm – ein Würfelspiel für zwei und mehr Kinder
Alle Spieler bekommen drei Hölzchen. Gespielt wird mit drei Würfeln. Würfelt der Spieler eine Eins, gibt er dem rechten Mitspieler ein Hölzchen. Wirft er eine Zwei, erhält der Spieler links ein Hölzchen. Kommt eine Drei, muss ein Hölzchen in die Mitte gelegt werden. Bei einer Vier, Fünf oder Sechs passiert nichts. Ein Spieler ohne Hölzchen wartet so lange, bis er wieder eines erhält. Wer am Ende noch ein Hölzchen hat, ist der Holzwurm, der nicht vom Fleck kommt, und hat verloren. Statt Hölzchen könnt ihr auch Klammern, kleine Untersetzer oder Münzen benutzen. Viel Spaß!

c, d
Wörter mit zwei oder mehr verschiedenen Konsonanten nach einem betonten kurzen Vokal:
Würfelspiel, Kinder, Hölzchen (7x), wird, Würfeln, Würfelt, gibt, rechten, Wirft, erhält (2x), links, gelegt, werden, Fünf, Sechs, nichts, wartet, lange, Ende, noch, nicht, Fleck, Untersetzer, Münzen, benutzen
Wörter mit verdoppeltem Konsonanten nach dem betonten kurzen Vokal:
alle, bekommen, muss, Mitte, passiert, kommt (2x), Statt, könnt, Klammern

Seite 72

2 **Mögliche Reimwörter:**
Spatzen: Katzen – schmatzen – Tatzen / **lecken:** schmecken – Decken – wecken /
backen: knacken – packen – Macken / **Ritz:** spitz – Witz – Blitz

3 a **waagerecht:** Akkordeon (1. Zeile), Oktave (2. Zeile), direkt (2. Zeile), Akkusativ (4. Zeile),
Makkaroni (5. Zeile), korrekt (6. Zeile), Traktor (7. Zeile) –
senkrecht: perfekt (Zeile A), Kontakt (Zeile C), Insekt (Zeile M), Hektik (Zeile O)
b **Fremdwörter mit kk:** Akkordeon, Akkord, Makkaroni, Akkusativ, Akku
Fremdwörter mit k: perfekt, Kontakt, direkt, Oktave, Traktor (enthält: Trakt), korrekt, Insekt, Hektik

Lange Vokale

Seite 73

1 **Mögliche Wörter:**
-ren: spüren – spuren/Spuren – sparen; **-len:** holen – malen – spülen – spulen;
-ten: bluten – töten – sputen – hüten – Spaten – Daten; **-se:** Nase – Hose – Hase – Düse – Bluse – Dose;
-ne: Düne – Töne – Krone – Hüne – Plane; **-me:** Name – Blume – Dame – Krume

2 a, b Schon die Römer nahmen sich gern Zeit zum Spielen. Das wahrscheinlich beliebteste Spiel ist unserem „Mühle" sehr ähnlich: Jeder Spieler erhält drei Mühlsteine, z. B. gewöhnliche Bohnen oder schwarze und weiße Steinchen. Als Spielfeld nehmt ihr ein Blatt Papier, auf dem ihr wie auf dem Bild Linien malt. Zu Beginn werden die Spielsteine abwechselnd auf die Schnittpunkte der Linien gelegt. Danach wird nacheinander ein Stein von einem Kreuzungspunkt zum nächsten gefahren. Kein Spieler darf aussetzen. Wer seine Mühlsteine in eine Dreierreihe bringt, hat den Ruhm des Siegers. Obwohl die Regeln einfach sind, muss man froh sein, wenn man die Konzentration wahrt; sonst hat man schnell verloren.

Wörter mit Doppelvokal

Seite 74

1 a B die Speere – C die Seelen – D die Meere – E die Saaten – F die Staaten
b B das Sälchen – C das Pärchen – D das Bötchen

2 **Mögliche Wörter:**
haarfein, staatlich, feenhaft, seelenruhig, moorig, moosig, moosgrün, schneebedeckt, meergrün, seegrün, kleeblättrig, kleegrün, erdbeerig, schneeig, meerblau

3 A Kaffee – B Allee – C Frottee – D Idee – E Tournee

Wörter mit langem i

Seite 75

1 **Das Geheimnis**
Sagst du's mir? / Dann schwör ich dir, / will's weder **ih**m noch **ih**r, / will's **nie**mandem verraten. /
Sagst du's mir? / Sofort? / Gleich h**ie**r?

Schicksal
Das Blatt Pap**ie**r, noch unbeschr**ie**ben, / wäre gern so weiß gebl**ie**ben, /
ger**ie**t jedoch in meine Hände – / und mit der Weißheit war's zu Ende.

2 **A** fliegen – **B** riechen – **C** frieren – **D** biegen – **E** wiegen – **F** kriechen

3 adressieren – blockieren – charakterisieren – diktieren – experimentieren – fotografieren – galoppieren – hausieren – informieren – jubilieren – kassieren – linieren – maskieren – nummerieren – operieren – platzieren – quittieren – respektieren – schattieren – transportieren – uniformieren – variieren – wattieren – zensieren

Seite 76

4 **A** Praline – **B** Benzin – **C** Liter – **D** Rosine – **E** wir – **F** Pyramide – **G** Kilometer – **H** Musik – **I** Krokodil
Lösungswort: Literatur

5 **ziehen:** du ziehst, er zieht, er zog – **sehen:** du siehst, sie sieht, sie sah – **stehlen:** du stiehlst, er stiehlt, er stahl – **empfehlen:** du empfiehlst, sie empfiehlt, sie empfahl – **leihen:** du leihst, er leiht, er lieh – **fliehen:** du fliehst, er flieht, er floh – **verzeihen:** du verzeihst, er verzeiht, er verzieh

Training: Lange Vokale sicher schreiben

Seite 77

1 **a, b**
    A Liederabend – **B** Himbeergelee – **C** Schwiegersohn – **D** Bärenhöhle –
    E Möhrengemüse – **F** Wohltat – **G** Knieschoner – **H** Leergut

2 Es fehlt in Rom, im Dom, in Scham,
es steckt in Bohnen, Sahne, Rahm,
und mit ihm zieht man lang das Ohr
(ganz anders dehnt sich aus das Moor,
auch das Moos, das macht's wie doof),
dafür steht's falsch, steht es im Hof ...
Das Schaf braucht's nicht, jedoch der Hahn,
der Wal hat's nicht einmal im Tran,
der Kahn schwimmt mit, der Schwan schwimmt ohne
(ein rotes Boot droht mit Kanone ...)

Ja, wer die Wahl hat, hat die Qual,
bei kam und lahm und Schal und Pfahl ...
Der Sohn, der hat's, sein Saxofon
hat's nicht einmal beim schrägsten Ton ...
Ganz unbequem wär's bei bequem ...
Der Töpfer findet es im Lehm ...
Der Maler braucht es zum Bezahlen,
und wenn er Korn zu Mehl will mahlen,
ansonsten würde es ihn stören
(es sei denn, er kocht gerade Möhren ...)

Die Schreibung der s-Laute: s und ß

Seite 78

1 **A** groß, Verlängerungsprobe: größer – **B** heiß, Verlängerungsprobe: heißer –
C Kreis, Verlängerungsprobe: Kreise – **D** draußen – **E** los, Verlängerungsprobe: lose

2 **B** Spaß – spaßig; **C** Kloß – Klöße; **D** Gans – Gänse; **E** Maß – Maße; **F** Glas – Gläser; **G** Fleiß – fleißig; **H** Greis – Greise; **I** Fuß – Füße; **J** Gruß – grüßen/Grüße; **K** Haus – Häuser; **L** Gefäß – Gefäße

3 Nase – beweisen – Gemüse – heißen – Hals – winseln – Füße – grüßen –
●●● Meise – beißen – Dose – schließen – Mais – bremsen – Blase

Seite 79

4 **a** **A** Fass – nass – krass – Ass; **B** Schuss – Kuss – Fluss – muss
b **A** Fässer – nasser – krasser – Asse; **B** Schlüsse – Schüsse – Küsse – Flüsse – müssen

5 schießen – Spaß – sprießen – Maß – essen – Fraß – besessen – wissen – verbissen

6 a, b
●●● **lassen** (stimmloser s-Laut nach betontem kurzen Vokal = ss) →
sie **ließen** (stimmloser s-Laut nach betontem langen Vokal = ß) —
schmeißen (stimmloser s-Laut nach Diphthong = ß) →
sie **schmissen** (stimmloser s-Laut nach betontem kurzen Vokal = ss) —
fressen (stimmloser s-Laut nach betontem kurzen Vokal = ss) →
sie **fraßen** (stimmloser s-Laut nach betontem langen Vokal = ß) —
beißen (stimmloser s-Laut nach Diphthong = ß) →
sie **bissen** (stimmloser s-Laut nach betontem kurzen Vokal = ss) —
vergessen (stimmloser s-Laut nach betontem kurzen Vokal = ss) →
sie **vergaßen** (stimmloser s-Laut nach betontem langen Vokal = ß) —
genießen (stimmloser s-Laut nach betontem langen Vokal = ß) →
sie **genossen** (stimmloser s-Laut nach betontem kurzen Vokal = ss)

Seite 80

7 Mögliche Wörter der Wortfamilie „schließen":
der Verschluss – der Abschluss – das Schloss – die Schlosserei – entschlossen – verschlossen – die Schließe – der Schließer –
das Schließfach – die Schließung – schließlich – abschließen – verschließen – aufschließen – zuschließen – (sich) entschließen

8 Mögliche Wörter aus den Wortfamilien:
genießen: genüsslich – Genießer – genießerisch – Genussmittel – (un-)genießbar – genussreich
fließen: Fluss – Flüsse – Flusskrebs – Flussufer – flussabwärts – Flüsschen – flüssig – Flüssigkeit – fließend – Fließband –
Einfluss – Überfluss – überflüssig
fressen: Fraß – Fressnapf – Fresserei – Fresssucht – gefräßig – ausfressen – Kahlfraß – Vielfraß

9 Mögliche Sätze:
●●● Frettchen Fritz fraß gefräßig fieses Fressen. – Fischer Freddy fing flussabwärts frische Flussfische für Frida.

Rechtschreibung trainieren: s-Laute

Seite 81

1 In dieser Reihenfolge sind die Lücken zu füllen:
Messe – geschlossenen – größten – Endlose – Besuchermassen – Tausende – Besucher – versammeln – Anreise –
Eintrittspreise – eingelassen – pressen – Präsentationen – Nasen – Glastüren – verpassen – riesigen – fesseln –
lassen – vergaßen – Maß – sodass – gestoßen – musste – abschließend – außerordentlich – positive

2 (das) Ross – (die) Rose, (die) Flosse – (das) Floß, (der) Riss – (der) Riese
●●●
3 Na**s**enbären gra**s**en gern, wenn der Ra**s**en na**ss** ist.
●●● Strau**ß**enweibchen wi**ss**en, da**ss** Stra**ß**en nicht zum Ni**s**ten da **s**ind.

Gleich und ähnlich klingende Laute

Seite 82

1 In dieser Reihenfolge von oben nach unten einzutragen: Wachs – Nixe – Praxis – wechseln – Experte – exakt

2 längs; entlang; länger – du bringst; bringen – du zankst; zanken – mittags; mittäglich –
du packst; packen – du singst; singen – du sinkst; sinken

Der Buchstabe V/v – zwei Laute, eine Schreibung

1 a, b, c   Fahne – frei – Fisch – <u>v</u>iel – für – <u>v</u>orn – Vase – <u>v</u>om – <u>V</u>ieh – <u>v</u>ier – <u>v</u>orn – Fach – Vokal – Fall – fett

2 **ver-:** versichern, verkosten, vergießen, vergessen, vergnügen, vergeuden, verfassen, verfolgen, vergrätzen, verhandeln
vor-: vorbereiten, vorbeugen, vordrängeln, vorgaukeln, vorfahren, vorfinden, vorführen, vorhalten, vorlesen, vormerken

Teste dich! – Kurze Vokale, lange Vokale, s-Laute

Seite 83

1 a, b   Stöke (Stöcke) – Herscher (Herrscher) – Unverlezlichkeit (Unverletzlichkeit) –
muste (musste) – Schmuckstükk (Schmuckstück) – Wane (Wanne) – Schaz (Schatz)   (je 7 Punkte) 14 Punkte

2 König – **großer** – **ihm** – wider**f**ahren – **ihn** – Hofst**aa**t – **v**iele – Maß – voll**f**ührte – **m**agische – Schließlich – be**f**ahl – **D**ienern – **wie**derzukehren 14 Punkte

3 weise – Fußlänge – wissen – Geheimnis – Haus – wusste – heiß – ließen – großen – schließlich – Fuß – weiß – wusste 13 Punkte

Lösung:
Zafusa wusste, wer der Dieb war, weil dieser auf das gezielt gestreute Gerücht hereingefallen war. Denn natürlich wuchs keiner der verteilten Stöcke von allein um eine Fußlänge. Aber ein Stock war morgens plötzlich kürzer, denn weil der Dieb nicht auffallen wollte, hatte er ihn vorsorglich gekürzt. Pech!

Insgesamt zu erreichend Punktzahl: **41 Punkte**

Groß- und Kleinschreibung

Seite 84

1 Artikel in Klammern = Artikelprobe:
Vor tausend (Jahren) gab es einen großen (Wettstreit) zwischen den (Riesen) und den (Zwergen) hinter den sieben (Bergen). Lange (Zeit) hatten die (Zwerge) die (Vorherrschaft) über das (Feld) der (Schrift) inne, sie waren wendig und schnell. Aber nach und nach wurden (die) (Buchstaben) von den (Riesen) erobert und in ihrer geheimen (Kiste) versteckt. Bald entstand ein großes (Durcheinander) unter den (Buchstaben). Ein (Jammer)! Drei (Jahre) lang suchte man kluge (Schiedsrichter). Es waren (die) (Elfen) und sie gaben ein ausgewogenes (Regelwerk) vor, von dem nur in (Ausnahmefällen) abgewichen werden durfte. Die (Elfen) verkündeten ihr (Regelwerk): Die (Buchstaben) sollten die (Zwerge) in ihrem (Spielfeld) behalten dürfen. Ein (Satzanfang) sowie die (Namen) und die (Nomen) durften jedoch mit einem riesenhaften (Anfangsbuchstaben) versehen werden. Damit (der) (Zwerg) wie (der) (Riese) sogleich erkennen könnte, wo ein (Nomen) folgt, sollte dieses durch ein (Begleitwort) angekündigt werden.

2 einen (unbestimmter Artikel) großen (Adjektiv) Wettstreit – zwischen (Präposition) den (bestimmter Artikel) Riesen – den (bestimmter Artikel) Zwergen – hinter (Präposition) den (bestimmter Artikel) sieben (Zahlwort) Bergen – Lange (Adjektiv) Zeit – die (bestimmter Artikel) Zwerge – die (bestimmter Artikel) Vorherrschaft – über (Präposition) das (bestimmter Artikel) Feld – der (bestimmter Artikel) Schrift – Buchstaben (Artikelprobe anwenden) – von (Präposition) den (bestimmter Artikel) Riesen – in (Präposition) ihrer (Possessivpronomen) geheimen (Adjektiv) Kiste – ein (unbestimmter Artikel) großes (Adjektiv) Durcheinander – unter (Präposition) den (bestimmter Artikel) Buchstaben – Ein (unbestimmter Artikel) Jammer – Drei (Zahlwort) Jahre – kluge (Adjektiv) Schiedsrichter – Elfen (Artikelprobe anwenden) – ein (unbestimmter Artikel) ausgewogenes (Adjektiv) Regelwerk – in (Präposition) Ausnahmefällen – Die (bestimmter Artikel) Elfen – ihr (Possessivpronomen) Regelwerk – Die (bestimmter Artikel) Buchstaben – die (bestimmter Artikel) Zwerge – in (Präposition) ihrem (Possessivpronomen) Spielfeld – Ein (unbestimmter Artikel) Satzanfang – die (bestimmter Artikel) Namen – die (bestimmter Artikel) Nomen – mit (Präposition) einem (unbestimmter Artikel) riesenhaften (Adjektiv) Anfangsbuchstaben – Zwerg (Artikelprobe anwenden) – Riese (Artikelprobe anwenden) – ein (unbestimmter Artikel) Nomen – durch (Präposition) ein (unbestimmter Artikel) Begleitwort

Nominalisierungen

Seite 85

1 Markierungen: Adjektive, Verben, (Partizipien), Nomensignale
Elefanten sind große, schwere Tiere. Es ist kaum vorstellbar, dass gerade sie sehr viel Spaß am Spielen haben und dabei sogar Wichtiges lernen. So kann man Elefanten in freier Wildbahn beim ausgelassenen Spritzen mit Wasser und Plantschen im Schlamm beobachten. Dieses Toben bringt nicht nur Abkühlung, sondern scheint den Tieren auch viel Freude zu bereiten. Junge wie alte Tiere kann man immer wieder beim Verdrehen ihrer Rüssel, beim ausgelassenen Rempeln und Schubsen zusehen. Das Knüpfen und Festigen von Freundschaften spielt dabei zudem eine wichtige Rolle.
Elefanten beschäftigen sich immer mit interessanten Dingen. Großes, Rundes oder Buntes – sobald es die Aufmerksamkeit erregt, wird das (Gefundene) untersucht und häufig auch zerlegt. Das alles hat seinen Sinn: Das Anwenden des im Spiel (Gelernten) kann später überlebenswichtig werden. Nur so weiß der Elefant, wie er an Nahrung kommt, oder er kann im Kampf mit Artgenossen seine Kräfte richtig einschätzen.

2 In Indien gibt es Elefanten, die nicht nur zum **Arbeiten**, sondern zum Sport eingesetzt werden. Bei der indischen Variante des Polospiels **zeigen** die Tiere, was sie **können**. Sie lieben das schnelle **Laufen** und **Wenden** auf dem Platz. Anders als die Menschen **stellen** sie sich aber gegenseitig nicht das Bein und lassen auch das **Streiten** mit dem Schiedsrichter sein.

Seite 86

3 Mögliche Wendungen:
manches Überraschende, alles Gute, etwas Außergewöhnliches, genug Aufregendes, allerlei Verwirrendes, wenig Interessantes, viel Erstaunliches

4 In Spielwarenläden kann man viel **Interessantes** und **Erstaunliches** entdecken. Es gibt **packende** Strategiespiele mit außergewöhnlich **aufwendigen** Spielanleitungen. Es gibt Spiele, die Kindern auf **ansprechende** Art und Weise manch **Lustiges** und allerlei **Wissenswertes** vermitteln. Sehr beliebt sind Computerspiele, bei denen man in **virtuelle** Welten eintauchen kann. Doch was ist das bekannteste Spiel? Allen modernen Entwicklungen zum Trotz fehlt in kaum einem Haushalt ein *Mensch ärgere dich nicht* oder eine der vielen Varianten davon. Obwohl das in Deutschland 1907 eingeführte Spiel wenig **Überraschendes** bietet und wenig **abwechslungsreich** ist, werde pro Jahr etwa 100 000 Exemplare verkauft. Es gibt wohl nichts **Spannenderes,** als mitzufiebern, wer aus dem Spiel geworfen wird oder als Erster alle vier Figuren ins Ziel bringt.

Kleinschreibung bei Adjektiven im Superlativ

Seite 87

1 **A** am schnellsten, der Schnellste — **B** das Langsamste, am langsamsten — **C** am größten, der Größte —
D das Kleinste, am kleinsten — **E** der Beste, am besten

2 Möglicher Dialog:
Schüler 1: Weißt du, welches Landsäugetier am schwersten ist? — Schüler 2: Na klar, der Elefant ist der Schwerste.

Rechtschreibung trainieren: Eigendiktat

Seite 88

1 Wichtig ist bei einem Diktat die genaue Kontrolle des geschriebenen Textes anhand der Vorlage.

2 Mögliche Unterteilung in Sinnabschnitte:
Die armen Kinder hatten nun keinen Ort mehr, | wo sie etwas Schönes spielen konnten. | Dann kam der Frühling, | nur im Garten des Riesen war immer noch Winter. | Man hörte dort keine Vögel zwitschern | und man sah nichts Blühendes, | weil keine Kinder mehr da waren. | Die Natur hatte sich zum Schlafen zurückgezogen. | „Ich kann nicht verstehen, | was hier Merkwürdiges passiert ist", | beklagte sich der Riese, | als er seinen kalten und weißen Garten erblickte. | Eines Morgens hörte der Riese etwas Herrliches. | Er hatte ganz vergessen, | wie schön das Singen eines Vogels | in seinen Ohren klingen konnte! | „Ich glaube, nun kommt der Frühling doch noch!", | rief der Riese erfreut, | sprang aus seinem Bett | und guckte nach draußen. | Und was sah er da? | Die Kinder waren durch ein kleines Loch in der Mauer | in den Garten gekrochen | und saßen nun auf den Zweigen der Bäume, | die vor lauter Freude wieder blühten. | Der Riese konnte endlich das Erwachen der Natur beobachten | und bemerkte reumütig: | „Ich werde sofort mit dem Niederreißen der Mauer beginnen."

Teste dich! – Groß- und Kleinschreibung

Seite 89

1 **A** Satzanfänge, Namen, Nomen und Nominalisierungen werden großgeschrieben.
B Nominalisierungen haben dieselben Begleiter wie Nomen. Es sind:
Artikel,
Pronomen,
Präpositionen,
Adjektive,
Zahlwörter.   7 Punkte

2 **a** Jedes jahr wird von einer jury das spiel des jahres gewählt. Zur wahl steht allerlei interessantes.
Die kritiker haben eine große verantwortung.
Der preis hat schon manch unbekanntem unter den spielemachern zum erfolg verholfen.
b Jedes Jahr wird von einer Jury das Spiel des Jahres gewählt. Zur Wahl steht allerlei Interessantes.
Die Kritiker haben eine große Verantwortung.
Der Preis hat schon manch Unbekanntem unter den Spielemachern zum Erfolg verholfen.   12 Punkte

3 Eine ganz andere Art, sich mit Spielen die Zeit zu vertreiben, sind Rollenspiele. Was den Unbeteiligten als höchst seltsam erscheinen mag, ist für viele Begeisterte das Normalste der Welt. An den Wochenenden verkleiden sich Fantasyfreunde und erleben als freche Elfen, als Zauberer oder Ritter die spannendsten Abenteuer. So kann es z. B. darum gehen, dass eine Gruppe eine Fee befreien soll, während die andere Gruppe dies verhindern will. Dazu lassen sich die „Helden" natürlich allerlei Listenreiches und manch Wagemutiges einfallen. Das Wichtigste aber ist, dass nicht das Gelingen des Plans, sondern vor allem der Spaß am Ausleben der gewählten Rolle das Ziel des Spiels darstellt.   12 Punkte

4 viele Begeisterte – allerlei Listenreiches – manch Wagemutiges   3 Punkte

Insgesamt zu erreichend Punktzahl: **34 Punkte**

Jahrgangsstufentest

Seite 91

1 **Richtige Antwort:** Die Sage versuchte den Menschen in früheren Zeiten zu erklären, weshalb es an dieser Stelle der Donau so viele gefährliche Felsen gibt.

2 **Zuordnung der Abschnitte zu den Überschriften:**
5 die Abwehr des Teufels durch den Kaiser
1 die heutige Situation für die Schifffahrer
6 die langfristigen Folgen des Felsenwurfs
3 die Kreuzfahrer auf dem Weg ins Heilige Land
2 die Angst der Schiffer vor dem Teufel
4 der Teufel bedroht Kaiser Rotbarts Gefolge

3 Absatz vier liefert ein Beispiel für die im zweiten Absatz dargestellte Situation.

4 Absatz 5 und 6 beantworten die Frage am genauesten.

5 A – nicht enthalten, B – richtig, C – falsch

Seite 92

6 richtige Antworten: **C, D, E** – falsche Antworten: **A, F, G** – nicht enthalten: **B**

Seite 93

7 Die **meisten** von uns denken beim Begriff „Donauschifffahrt" an Motorboote, Kreuzfahrtschiffe oder große Frachter. Dabei diente die Donau schon in frühgeschichtlicher Zeit als Transportweg für **Handelsgüter/Handelswaren** wie z. B. Pelze. Diese wurden noch mit einfachen Flößen befördert. Lange Zeit mussten Schiffe von Menschen stromaufwärts **gezogen** werden, was man auch „treideln" nennt. Ab dem 15. Jahrhundert übernahmen Zugtiere diese Aufgabe. Oft ging es an einem Tag nur **wenige** Kilometer voran, weil die Flussseite häufig mitsamt Pferden **gewechselt** werden musste. Erst mit **dem Aufkommen / der Entstehung / der Entwicklung** der Dampfschifffahrt änderte sich dies allmählich und die Schifffahrt wurde beschleunigt.

8 B Der Handel förderte die **Entstehung** wohlhabender Städte.
C Jede Fahrt war also **ein Wagnis**.
D Der Rückweg war äußerst **beschwerlich**.
E **Die Demontage** war für die Händler häufig kostengünstiger als der Rücktransport des Schiffs.

Seite 94

9 A Synonym: außerordentlich, außergewöhnlich – Antonym: alltäglich, gewöhnlich
B Synonym: verbinden, zusammenführen – Antonym: trennen
C Synonym: abwechslungsreich, unterhaltsam (1); prächtig, herrlich (2) –
Antonym: langweilig, eintönig, uninteressant (1); schäbig, ärmlich, unansehlich (2)

10 Die Donau ist ein eigenwilliger Fluss, weil sie als einziger großer Fluss Europas von Osten nach Westen fließt. Dass sie zehn verschiedene Länder miteinander verbindet, ist ebenfalls ungewöhnlich. Ihr Ursprung liegt im Schwarzwald, wo sich die beiden Flüsschen Breg und Brigach bei Donaueschingen vereinen. Über die Definition des genauen Ursprungsorts wurde jahrhundertelang gestritten. Im Gegensatz zu Flüssen mit eindeutiger Quelle wird die Donau, die mit 2 850 km nach der Wolga der zweitlängste Fluss in Europa ist, rückwärts von der Mündung aus vermessen.

11 **ist:** Verb –
ursprünglichste: Adjektiv –
des: bestimmter Artikel –
hier: Adverb –
durch: Präposition

12 in Bayern: adverbiale Bestimmung des Ortes –
die Dimension eines richtigen Flusses: Akkusativobjekt –
für die Wirtschaft: Präpositionalobjekt –
schwerwiegende Eingriffe: Subjekt

Seite 95

13 Der Bau von Staustufen in der Donau und das **B**egradigen des Flu**ss**es haben viele frühere Gefahren für die Schi**fff**ahrt entschärft. Für die Wirtschaft ist der Str**o**m aber nicht nur als Wasserstraße von unerschöpflichem Wert. Wasserkraft-werke – wie das Kachlet bei Passau – liefern darüber hinaus beständig kl**i**mafreundliche Energie. Naturschü**t**zer haben jedoch Bedenken, da**ss** weitere Eingriffe in den natürlichen Verlauf der Donau nachteilig sein könnten.

14 „Die fantastische Vielfalt der Pflanzen und Tiere ist in den Auwäldern entlang der Donau einzigartig", betonen Biologen, „und auch für die Menschen stellt der Fluss mit seinen Auen einen unersetzlichen Lebensraum dar." Schließlich sorgen die Auwälder für eine hohe Trinkwasserqualität, einen natürlichen Hochwasserschutz und herrliche Erholungsgebiete. Die Donau darf deshalb nicht nur als wichtiger Wirtschaftsfaktor gesehen werden, sondern auch als schützenswertes Natur- und Kulturerbe.